SOUPES

BRIMAR

Éditrice : Angela Rahaniotis
Conception graphique : Zapp
Photographies : Marc Bruneau
Préparation des recettes/styliste : Josée Robitaille
Assistant styliste : Marc Maula
La vaisselle a été prêtée par Stokes

© 1995 Les Éditions Brimar inc.
338, rue Saint-Antoine Est
Montréal, Canada H2Y 1A3
Tél. (514) 954-1441
Fax (514) 954-5086

ISBN 2-89433-139-8
Imprimé au Canada

SOUPES

Il n'y a rien comme l'arôme
d'une délicieuse soupe qui cuit
à petit feu pour mettre en appétit.
Ce livre sur les soupes vous offre
une variété de recettes pour
toutes les occasions,
qu'il s'agisse d'une soupe-repas
copieuse et nourrissante,
d'une entrée légère et savoureuse
ou d'un plat rafraîchissant,
idéal pour les jours de canicule.

Autrefois, la préparation d'une soupe
demandait beaucoup de temps.
De nos jours, grâce au robot culinaire,
quelques minutes suffisent pour hacher
les ingrédients ou les réduire en purée.
Alors, pourquoi s'en passer?

La plupart des soupes
sont bien meilleures
lorsqu'elles sont réchauffées.
C'est pourquoi vous ne devez pas hésiter
à en préparer de grandes quantités
et en profiter pour y ajouter vos restes.
Utilisez nos suggestions de recettes
comme base et mettez-y
une petite touche personnelle.

Légumes

CÉLERI-RAVE

BETTERAVES

CAROTTES

POIREAUX

RUTABAGA

NAVETS

CHOU ROUGE

CHOUX DE BRUXELLES

CHOU-FLEUR

CHOU BLANC

CHOU FRISÉ

BROCOLI

5

HARICOTS
MANGE-TOUT

CHAMPIGNONS

COURGETTES

ÉPINARDS

ASPERGES

FENOUIL

AVOCATS

CÉLERI

OKRAS

POIVRONS

Fines herbes

ESTRAGON

BASILIC

PERSIL

CIBOULETTE

CORIANDRE

ORIGAN

THYM

LAURIER

MARJOLAINE

ANETH

ROMARIN

SAUGE

CERFEUIL

OSEILLE

Bouillon de poulet

2	blancs de poireaux	2
2 kg	poulet lavé, paré	4 lb
4 litres	eau froide	16 tasses
4	carottes, pelées	4
2	branches de céleri, coupées en deux	2
2	oignons, non épluchés et coupés en quatre	2
½	petit navet, pelé et coupé en cubes	½
2	brins de persil frais	2
1	brin de thym frais	1
15 ml	basilic	1 c. à s.
2	feuilles de laurier	2
1	clou de girofle	1
5 ml	romarin	1 c. à t.
	sel et poivre	

1 Fendre les poireaux en quatre, jusqu'à 2,5 cm (1 po) de la base. Bien les laver sous l'eau froide.

2 Mettre le poulet et l'eau dans une grande casserole. Amener à ébullition et laisser cuire 2 minutes; écumer.

3 Ajouter les légumes. Envelopper les fines herbes et les assaisonnements dans une mousseline et attacher avec une ficelle. Ajouter au liquide. Faire cuire 1½ heure à feu doux.

4 Retirer le poulet de la casserole et le réserver pour une utilisation ultérieure. Baisser le feu sous la casserole. Ajouter 250 ml (1 tasse) d'eau froide au bouillon et laisser reposer 6 minutes.

5 Filtrer dans une passoire tapissée d'une mousseline. Se garde jusqu'à 1 semaine au réfrigérateur et jusqu'à 3 mois au congélateur.

6 Ce bouillon de poulet est utilisé dans de nombreuses recettes.

Bouillon de veau

2	blancs de poireaux	2
1,5 kg	veau maigre	3 lb
4 litres	eau froide	16 tasses
500 ml	vin blanc sec	2 tasses
4	carottes, pelées	4
2	branches de céleri, coupées en deux	2
2	oignons, épluchés et piqués de clous de girofle	2
2	brins de persil frais	2
2	brins de basilic frais	2
1	brin de thym frais	1
5 ml	cerfeuil	1 c. à t.
1	feuille de laurier	1
	sel et poivre	

1 Fendre les poireaux en quatre, jusqu'à 2,5 cm (1 po) de la base. Bien les laver sous l'eau froide.

2 Mettre la viande et l'eau dans une grande casserole. Amener à ébullition et faire cuire 2 minutes; écumer.

3 Ajouter le vin et les légumes. Envelopper les fines herbes et les assaisonnements dans une mousseline et attacher avec une ficelle. Ajouter au liquide. Faire cuire 2 heures à feu doux.

4 Retirer la viande. Filtrer le bouillon dans une passoire tapissée d'une mousseline. Se garde jusqu'à 1 semaine au réfrigérateur et jusqu'à 3 mois au congélateur.

5 Ce bouillon léger est utilisé dans de nombreuses recettes.

Bouillon de bœuf

2	blancs de poireaux	2
2 kg	rôti de palette, dégraissé	4 lb
4 litres	eau froide	16 tasses
3	carottes, pelées	3
2	branches de céleri, coupées en deux	2
2	oignons, non épluchés et coupés en quatre	2
½	navet, pelé et coupé en quatre	½
1	brin de thym frais	1
2	brins de persil frais	2
2	feuilles de laurier	2
2	clous de girofle	2
15 ml	basilic	1 c. à s.
	sel et poivre	

1 Fendre les poireaux en quatre, jusqu'à 2,5 cm (1 po) de la base. Bien les laver sous l'eau froide.

2 Mettre la viande et l'eau dans une grande casserole. Amener à ébullition et faire cuire 2 minutes; écumer.

3 Ajouter les légumes. Envelopper les fines herbes et les assaisonnements dans une mousseline et attacher avec une ficelle. Ajouter au liquide. Faire cuire 3 heures à feu très doux.

4 Retirer la viande et la réserver pour une utilisation ultérieure. Ajouter 250 ml (1 tasse) d'eau froide au bouillon. Laisser mijoter 15 minutes.

5 Filtrer dans une passoire tapissée d'une mousseline. Se garde jusqu'à 1 semaine au réfrigérateur et jusqu'à 3 mois au congélateur.

6 Ce bouillon de bœuf est utilisé dans de nombreuses recettes.

Bouillon de bœuf moyen

1,5 kg	paleron de bœuf	3 lb
1	os à moelle de bœuf	1
3 litres	eau	12 tasses
3	brins de persil frais	3
1	brin de thym frais	1
1	feuille de laurier	1
4	carottes, pelées	4
1	petit navet, pelé et coupé en deux	1
1	gros blanc de poireau, lavé	1
2	oignons, épluchés, coupés en deux et piqués de clous de girofle	2
5	feuilles de céleri	5
	sel et poivre	

1 Mettre la viande, l'os et l'eau dans une grande casserole. Amener à ébullition et laisser cuire 10 minutes; écumer. Retirer la viande et l'os et les mettre dans une autre casserole.

2 Nouer ensemble les fines herbes et la feuille de laurier. Les mettre dans la casserole et ajouter les légumes et les feuilles de céleri. Couvrir d'eau et bien assaisonner. Amener à ébullition. Faire cuire 3 heures à feu très doux.

3 Filtrer le bouillon dans une passoire tapissée d'une mousseline. Se garde jusqu'à 1 semaine au réfrigérateur et jusqu'à 3 mois au congélateur.

Sauce blanche pour les crèmes

50 ml	beurre	¼ tasse
50 ml	farine	¼ tasse
1 litre	bouillon de poulet ou de veau, chaud	4 tasses
	sel et poivre	

1 Faire chauffer le beurre dans une casserole, à feu moyen. Saupoudrer de farine et bien mélanger. Faire cuire 1 minute à feu doux.

2 Bien incorporer au fouet la moitié du bouillon. Poursuivre la cuisson à feu doux. Lorsque la sauce commence à épaissir, incorporer le reste du bouillon. Bien assaisonner.

3 Faire cuire la sauce 30 minutes à feu très doux. Remuer de temps à autre pendant la cuisson.

4 Couvrir d'une pellicule de plastique, de façon à ce qu'elle soit en contact avec la surface de la sauce. Se garde jusqu'à 3 jours au réfrigérateur.

Crème de betteraves à la Serre
(4 portions)

2	grosses betteraves, lavées	2
500 ml	sauce blanche, chaude	2 tasses
500 ml	bouillon de poulet, chaud	2 tasses
125 ml	crème à 35 %	½ tasse
	sel et poivre	
	poivre de Cayenne, au goût	

Préchauffer le four à 190 °C (375 °F).

1 Faire cuire les betteraves au four pendant 2 heures. Ajuster le temps de la cuisson selon leur grosseur. Sortir du four, peler et réduire en purée.

2 Mélanger la purée de betteraves avec la sauce blanche. Mettre dans une casserole et incorporer graduellement le bouillon de poulet. Fouetter continuellement. Assaisonner de sel, de poivre et de poivre de Cayenne.

3 Incorporer la crème et laisser mijoter 2 à 3 minutes à feu doux. Servir.

Soupe aux okras
(4 à 6 portions)

30 ml	beurre	2 c. à s.
50 ml	carotte, coupée en dés	¼ tasse
50 ml	céleri, coupé en dés	¼ tasse
2	échalotes sèches, épluchées et hachées	2
5 ml	estragon	1 c. à t.
225 g	crevettes fraîches, décortiquées et déveinées	½ lb
125 ml	vin blanc sec	½ tasse
3	tomates, pelées, épépinées et hachées	3
15 ml	farine	1 c. à s.
1	gousse d'ail, épluchée, écrasée et hachée	1
1,25 litre	bouillon de poulet, chaud	5 tasses
125 ml	riz, rincé	½ tasse
170 g	okras surgelés, tranchés	6 oz
	sel et poivre	
	poivre de Cayenne, au goût	

1 Faire chauffer le beurre dans une grande casserole, à feu moyen. Ajouter la carotte, le céleri, les échalotes sèches et l'estragon. Couvrir et laisser cuire 3 minutes à feu doux.

2 Monter le feu à vif et ajouter les crevettes. Faire cuire 3 minutes, à découvert. Mouiller avec le vin et poursuivre la cuisson 1 minute. Retirer les crevettes et réserver.

3 Ajouter les tomates aux légumes dans la casserole et bien assaisonner. Faire cuire 4 minutes, à feu vif. Incorporer la farine, l'ail, le bouillon de poulet et le riz. Assaisonner de sel, de poivre et de poivre de Cayenne.

4 Faire cuire la soupe 10 minutes, à feu doux. Ajouter les okras et poursuivre la cuisson 10 minutes.

5 Lorsque les okras sont cuits, ajouter les crevettes et laisser mijoter 2 minutes avant de servir.

Soupe froide aux tomates
(4 portions)

15 ml	persil frais haché	1 c. à s.
15 ml	basilic frais haché	1 c. à s.
2	gousses d'ail, blanchies, épluchées et en purée	2
30 ml	piments doux rôtis, hachés	2 c. à s.
4	tomates, pelées, épépinées et hachées	4
2	échalotes sèches, épluchées et hachées	2
½	concombre, pelé, épépiné et coupé en dés	½
500 ml	bouillon de poulet	2 tasses
	sel et poivre	
	poivre de Cayenne, au goût	

1 Au robot culinaire, mélanger rapidement tous les ingrédients, sauf le bouillon de poulet.

2 Ajouter le bouillon de poulet et bien assaisonner. Mélanger très rapidement puis verser la soupe dans un bol.

3 Réfrigérer 2 heures avant de servir. Accompagner de croûtons.

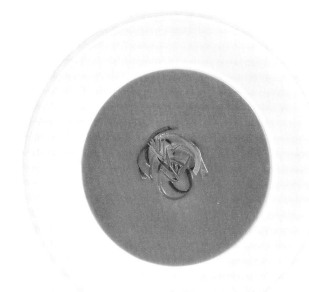

Soupe aux tomates et au riz à la portugaise
(4 à 6 portions)

5	tomates	5
30 ml	beurre	2 c. à s.
1	petit oignon, épluché et coupé en dés	1
1	carotte, pelée et coupée en dés	1
½	branche de céleri, coupée en dés	½
1	gousse d'ail, épluchée et tranchée	1
15 ml	basilic	1 c. à s.
75 ml	riz italien arborio, rincé	⅓ tasse
250 ml	bouillon de poulet, chaud	1 tasse
1	pincée de thym	1
1	pincée de sucre	1
	sel et poivre	
	feuilles d'estragon frais	

1 Porter de l'eau à ébullition dans une grande casserole. Y plonger les tomates et les y laisser jusqu'à ce que la peau se détache. Retirer les tomates et laisser refroidir suffisamment pour pouvoir les tenir. Peler et couper en quartiers. Épépiner, puis hacher la chair grossièrement.

2 Faire chauffer le beurre dans une casserole, à feu moyen. Ajouter l'oignon, la carotte, le céleri et l'ail. Ajouter les assaisonnements, sauf les feuilles d'estragon et le sucre, et bien mélanger. Faire cuire 4 minutes à feu doux.

3 Incorporer les tomates, le sucre et le riz. Ajouter le bouillon de poulet et bien assaisonner. Faire cuire 30 minutes à feu doux.

4 Passer la soupe au moulin à légumes ou au robot culinaire. Si nécessaire, l'éclaircir avec du bouillon de poulet jusqu'à l'obtention de la consistance désirée. Garnir les portions de feuilles d'estragon et d'une julienne de poivron.

Soupe badoise
(4 à 6 portions)

45 ml	beurre	3 c. à s.
2	oignons espagnols, épluchés et tranchés finement	2
15 ml	persil frais haché	1 c. à s.
45 ml	farine	3 c. à s.
250 ml	vin blanc sec	1 tasse
1,25 litre	bouillon de poulet, chaud	5 tasses
2	jaunes d'œufs	2
45 ml	crème à 35 %	3 c. à s.
15 ml	ciboulette fraîche hachée	1 c. à s.
	sel et poivre	
	quelques gouttes de jus de citron	

1 Faire chauffer le beurre dans une casserole, à feu moyen. Ajouter les oignons et le persil; faire cuire 16 minutes à feu doux.

2 Saupoudrer de farine et bien mélanger. Poursuivre la cuisson 3 minutes. Mouiller avec le vin et le bouillon de poulet; mélanger de nouveau. Bien assaisonner et faire cuire la soupe à découvert 30 minutes, à feu doux.

3 Mélanger les jaunes d'œufs et la crème. Incorporer à la soupe et laisser mijoter 2 minutes sans faire bouillir.

4 Ajouter le jus de citron, mélanger et garnir de ciboulette hachée.

Vichyssoise
(4 à 6 portions)

3		blancs de poireaux	3
45 ml		beurre	3 c. à s.
2		oignons, épluchés et tranchés finement	2
4		grosses pommes de terre, épluchées et tranchées	4
750 ml		bouillon de poulet, chaud	3 tasses
15 ml		basilic frais haché	1 c. à s.
15 ml		cerfeuil frais haché	1 c. à s.
250 ml		lait, chaud	1 tasse
125 ml		crème à 35 %	½ tasse
		sel et poivre	
		poivre de Cayenne, au goût	
		ciboulette fraîche hachée	

1 Fendre les poireaux en quatre, jusqu'à 2,5 cm (1 po) de la base. Bien les laver à l'eau froide et les trancher finement.

2 Faire chauffer le beurre dans une grande casserole, à feu moyen. Ajouter les poireaux et les oignons; bien assaisonner. Couvrir et faire cuire 10 minutes à feu doux.

3 Ajouter les pommes de terre, le bouillon de poulet, le basilic et le cerfeuil. Poursuivre la cuisson 20 minutes.

4 Réduire la soupe en purée au mélangeur, puis la verser dans une casserole. Incorporer le lait et faire cuire 2 à 3 minutes à feu doux.

5 Incorporer la crème et laisser refroidir. Réfrigérer au moins 3 heures. Garnir de ciboulette hachée et servir.

Fendre les poireaux en quatre, jusqu'à 2,5 cm (1 po) de la base. Bien les laver à l'eau froide et les trancher finement.

Faire chauffer le beurre dans une grande casserole, à feu moyen. Ajouter les poireaux et les oignons; bien assaisonner. Couvrir et faire cuire 10 minutes à feu doux.

Ajouter les pommes de terre, le bouillon de poulet, le basilic et le cerfeuil. Poursuivre la cuisson 20 minutes.

Réduire la soupe en purée au mélangeur, puis la verser dans une casserole. Incorporer le lait et faire cuire 2 à 3 minutes à feu doux.

Soupe froide à l'oseille
(4 à 6 portions)

450 g	oseille fraîche	1 lb
250 ml	vin blanc sec	1 tasse
1,25 litre	eau	5 tasses
15 ml	sucre	1 c. à s.
3	jaunes d'œufs	3
250 ml	crème à 35 %	1 tasse
1	petit concombre, pelé, épépiné et tranché	1
	sel et poivre	
	quartiers de citron pour garnir	

1 Bien laver l'oseille à l'eau froide. Couper les tiges.

2 Hacher grossièrement l'oseille et la mettre dans une casserole. Mouiller avec le vin et l'eau; amener à ébullition. Faire cuire 30 minutes, à feu doux. Ajouter le sucre, bien assaisonner et poursuivre la cuisson 8 minutes.

3 Mélanger les jaunes d'œufs et la crème. Incorporer 250 ml (1 tasse) du liquide de cuisson de l'oseille. Verser dans la casserole contenant l'oseille. Faire cuire quelques minutes à feu très doux.

4 Retirer du feu et verser la soupe dans un bol. Faire refroidir 4 heures au réfrigérateur. Servir avec des tranches de concombre et garnir de quartiers de citron.

Soupe aux légumes rapide
(4 à 6 portions)

30 ml	beurre	2 c. à s.
1	oignon, épluché et coupé en dés	1
1	branche de céleri, coupée en dés	1
2	carottes, pelées et coupées en dés	2
½	navet, pelé et coupé en dés	½
5 ml	basilic	1 c. à t.
2 ml	thym	½ c. à t.
5 ml	cerfeuil	1 c. à t.
1,5 litre	bouillon de poulet ou de légumes, chaud	6 tasses
2	pommes de terre, épluchées et coupées en dés	2
250 ml	petits pois surgelés	1 tasse
250 ml	maïs en grains surgelé	1 tasse
	sel et poivre	

1 Faire chauffer le beurre dans une casserole à feu moyen. Ajouter l'oignon et le céleri. Couvrir et faire cuire 4 minutes à feu doux.

2 Ajouter les carottes, le navet et les assaisonnements. Mouiller avec le bouillon et amener à ébullition. Faire cuire à découvert 8 minutes, à feu doux.

3 Ajouter les pommes de terre et poursuivre la cuisson 4 minutes.

4 Ajouter les petits pois et le maïs. Faire cuire la soupe 10 minutes. Servir avec du fromage râpé, si désiré.

Velouté à l'oseille
(4 à 6 portions)

45 ml	beurre	3 c. à s.
1	oignon, épluché et tranché	1
225 g	feuilles d'oseille, lavées et hachées	½ lb
15 ml	basilic frais haché	1 c. à s.
15 ml	persil frais haché	1 c. à s.
500 ml	bouillon de poulet, chaud	2 tasses
3	pommes de terre, épluchées et tranchées	3
250 ml	lait, chaud	1 tasse
250 ml	crème à 15 %, chaude	1 tasse
	sel et poivre fraîchement moulu	

1 Faire chauffer le beurre dans une casserole, à feu moyen. Ajouter l'oignon et l'oseille; bien assaisonner. Couvrir et faire cuire 10 minutes à feu doux.

2 Ajouter les assaisonnements, le bouillon de poulet et les pommes de terre. Faire cuire à découvert 18 minutes, à feu doux, jusqu'à ce que les pommes de terre soient cuites. Rectifier la quantité de liquide au besoin.

3 Lorsque les pommes de terre sont cuites, incorporer le lait et la crème. Laisser mijoter 6 minutes et servir avec des petits croûtons.

Soupe aux poireaux et aux pommes de terre
(4 à 6 portions)

4	gros blancs de poireaux	4
60 ml	beurre	4 c. à s.
1,25 litre	eau	5 tasses
4	grosses pommes de terre, épluchées et tranchées	4
125 ml	crème à 35 %	½ tasse
	sel et poivre	
	poivre de Cayenne, au goût	

1 Fendre les poireaux en quatre, jusqu'à 2,5 cm (1 po) de la base. Les laver à l'eau froide, bien égoutter et trancher.

2 Faire chauffer le beurre dans une casserole, à feu moyen. Ajouter les poireaux et bien assaisonner. Couvrir et faire cuire 15 minutes à feu doux.

3 Verser l'eau dans une autre casserole; saler. Amener à ébullition. Ajouter les poireaux et les pommes de terre. Assaisonner avec le poivre et le poivre de Cayenne.

4 Faire cuire la soupe à découvert 30 minutes, à feu doux. Incorporer la crème et servir.

Crème de laitue
(4 portions)

60 ml	beurre	4 c. à s.
1	grosse laitue iceberg, lavée, essorée et ciselée	1
1	petit oignon, épluché et tranché finement	1
2 ml	thym	½ c. à t.
15 ml	persil frais haché	1 c. à s.
30 ml	basilic frais haché	2 c. à s.
1	feuille de laurier	1
75 ml	farine	5 c. à s.
1 litre	bouillon de poulet, chaud	4 tasses
50 ml	crème à 35 % (facultatif)	¼ tasse
	sel et poivre	
	poivre de Cayenne, au goût	

1 Faire chauffer le beurre dans une casserole, à feu moyen. Ajouter la laitue, l'oignon et tous les assaisonnements. Couvrir et faire cuire 12 minutes à feu doux.

2 Saupoudrer de farine et bien mélanger. Faire cuire 1 minute à découvert.

3 Mouiller avec le bouillon de poulet et rectifier l'assaisonnement. Faire cuire 25 minutes à feu doux.

4 Filtrer la soupe à travers une passoire et la verser dans une casserole. Incorporer la crème, si désiré, et laisser mijoter 3 minutes. Garnir de lanières de chou rouge revenues rapidement dans du beurre, si désiré.

Bortsch
(6 à 8 portions)

4	tomates	4
15 ml	huile d'olive	1 c. à s.
1	oignon, épluché et haché	1
2	gousses d'ail, épluchées et tranchées	2
½	chou rouge, tranché finement	½
4	betteraves, épluchées et coupées en julienne	4
4	petites pommes de terre, épluchées et coupées en deux	4
1,25 litre	eau	5 tasses
50 ml	vinaigre balsamique	¼ tasse
5 ml	miel	1 c. à t.
1	bouquet garni (thym, feuille de laurier, brins de persil et d'aneth)	1
	sel et poivre	
	paprika, au goût	

1 Plonger les tomates dans de l'eau bouillante salée et les y laisser jusqu'à ce que la peau se détache. Retirer et laisser refroidir pour pouvoir les tenir. Peler, trancher en deux dans le sens de la largeur et presser pour en exprimer le jus et les pépins. Réserver la chair.

2 Faire chauffer l'huile dans une grande casserole, à feu moyen. Ajouter l'oignon et l'ail; faire cuire 4 minutes.

3 Ajouter le reste des ingrédients. Faire cuire à découvert 35 minutes, à feu doux.

4 Servir avec de l'aneth frais haché et de la crème sure, si désiré.

Crème de champignons
(4 portions)

60 ml	beurre	4 c. à s.
2	échalotes sèches, épluchées et tranchées	2
15 ml	basilic	1 c. à s.
1 ml	thym	¼ c. à t.
5 ml	estragon	1 c. à t.
450 g	champignons frais, nettoyés et tranchés	1 lb
75 ml	farine	5 c. à s.
1 litre	bouillon de poulet, chaud	4 tasses
125 ml	crème à 35 %	½ tasse
4	champignons frais, nettoyés	4
	sel et poivre fraîchement moulu	
	poivre de Cayenne, au goût	

1 Faire chauffer le beurre dans une casserole, à feu moyen. Ajouter les échalotes et faire cuire 2 minutes à feu doux. Ajouter les assaisonnements et les champignons tranchés; couvrir et laisser cuire 12 minutes à feu doux.

2 Saupoudrer de farine et bien mélanger. Faire cuire 1 minute à découvert. Mouiller avec le bouillon de poulet et bien assaisonner. Faire cuire à découvert 20 minutes, à feu doux.

3 Passer la soupe au moulin à légumes et incorporer la crème.

4 Trancher les champignons entiers et les faire cuire 2 minutes dans une petite quantité d'eau citronnée. Bien égoutter et utiliser pour garnir la soupe.

Soupe aux choux de Bruxelles et aux pommes de terre

(4 à 6 portions)

450 g	choux de Bruxelles	1 lb
45 ml	beurre	3 c. à s.
1	oignon, épluché et tranché	1
2 ml	thym	½ c. à t.
15 ml	cerfeuil	1 c. à s.
15 ml	basilic	1 c. à s.
3	pommes de terre, épluchées et tranchées	3
1,25 litre	bouillon de poulet, chaud	5 tasses
125 ml	crème à 35 % (facultatif)	½ tasse
	sel et poivre	
	poivre de Cayenne, au goût	

1 Parer les choux de Bruxelles et bien les laver. À l'aide d'un couteau bien aiguisé, entailler la tige en forme de X afin d'assurer une cuisson uniforme.

2 Mettre les choux de Bruxelles dans de l'eau bouillante salée. Faire cuire 4 minutes. Bien égoutter.

3 Faire chauffer le beurre dans une casserole, à feu moyen. Ajouter l'oignon, couvrir et faire cuire 5 minutes à feu doux.

4 Ajouter les choux de Bruxelles et tous les assaisonnements. Mélanger et ajouter les pommes de terre. Mouiller avec le bouillon de poulet, saler et poivrer. Amener à ébullition et faire cuire 20 minutes à feu moyen.

5 Égoutter les légumes en réservant le bouillon, et les réduire en purée au robot culinaire. Ajouter graduellement le liquide de cuisson, en mélangeant après chaque addition, jusqu'à l'obtention de la consistance désirée.

6 Incorporer la crème, si désiré, rectifier l'assaisonnement et servir.

Potage Saint-Germain
(4 à 6 portions)

375 ml	pois cassés verts	1½ tasse
1	oignon, épluché et coupé en dés	1
1	grosse carotte, pelée et coupée en dés	1
1	branche de céleri, coupée en dés	1
2	gousses d'ail, épluchées	2
1 ml	thym	¼ c. à t.
15 ml	cerfeuil	1 c. à s.
15 ml	estragon	1 c. à s.
1	feuille de laurier	1
250 ml	petits pois surgelés	1 tasse
30 ml	cerfeuil frais haché	2 c. à s.
125 ml	crème à 35 %	½ tasse
375 ml	petits croûtons	1½ tasse
	sel et poivre fraîchement moulu	
	poivre de Cayenne, au goût	

1 Faire tremper les pois cassés pendant 8 heures dans de l'eau froide. Bien égoutter.

2 Mettre les pois cassés dans une casserole et couvrir d'eau. Amener à ébullition et faire cuire 5 minutes; écumer. Égoutter et remettre dans la casserole.

3 Ajouter l'oignon, la carotte, le céleri et l'ail. Envelopper les fines herbes dans une mousseline attachée avec une ficelle et mettre dans la casserole. Ajouter suffisamment d'eau pour recouvrir les pois cassés de 5 cm (2 po). Amener à ébullition et faire cuire 40 minutes à feu doux. Ajouter de l'eau, au besoin, pour garder les pois cassés immergés.

4 Réduire en purée au moulin à légumes ou au robot culinaire. Verser dans une casserole.

5 Ajouter les petits pois, le cerfeuil et la crème. Bien mélanger et assaisonner de sel, de poivre et de poivre de Cayenne. Faire mijoter à feu doux jusqu'à ce que les petits pois soient bien réchauffés. Servir avec des croûtons.

Soupe au chou-fleur au cari
(4 à 6 portions)

1	petit chou-fleur	1
60 ml	beurre	4 c. à s.
2	échalotes sèches, épluchées et tranchées	2
45 ml	cari de Madras*	3 c. à s.
60 ml	farine	4 c. à s.
1,25 litre	bouillon de poulet, chaud	5 tasses
2 ml	sel de céleri	½ c. à t.
2 ml	cumin	½ c. à t.
	sel et poivre	

1 Retirer les feuilles et le trognon du chou-fleur. Le diviser en bouquets, bien laver et égoutter.

2 Faire chauffer le beurre dans une grande casserole, à feu moyen. Ajouter le chou-fleur et les échalotes sèches; bien assaisonner. Couvrir et faire cuire 6 minutes à feu doux.

3 Saupoudrer de cari et bien mélanger. Faire cuire à découvert 4 minutes, à feu doux.

4 Ajouter la farine, mélanger et poursuivre la cuisson 2 minutes.

5 Mouiller avec le bouillon de poulet et bien mélanger. Ajouter tous les assaisonnements et monter le feu à vif. Amener à ébullition. Bien mélanger et faire cuire à découvert 20 minutes, à feu doux.

6 Passer la soupe au moulin à légumes. Ajouter du bouillon de poulet si la soupe est trop épaisse. Rectifier l'assaisonnement et servir avec des croûtons.

* Le cari de Madras est une sorte de cari très piquant. Il est possible de le remplacer par du cari en poudre.

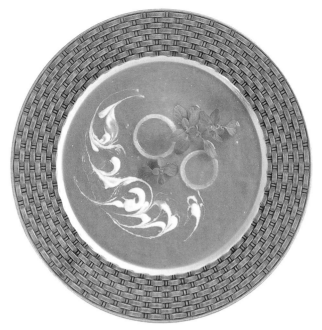

Soupe provençale
(4 à 6 portions)

3	pommes de terre, épluchées et coupées en deux	3
3	tomates, pelées, épépinées et grossièrement hachées	3
1,5 litre	eau	6 tasses
30 ml	huile d'olive	2 c. à s.
2	oignons, épluchés et tranchés	2
1	gousse d'ail, épluchée et coupée en deux	1
	sel et poivre	
	tranches de pain français épaisses, grillées	

1 Mettre les pommes de terre et les tomates dans une grande casserole. Ajouter l'eau, assaisonner et amener à ébullition. Faire cuire 1 heure à feu doux.

2 Faire chauffer l'huile dans une poêle, à feu moyen. Ajouter les oignons et faire cuire 20 minutes à feu doux, sans laisser brûler.

3 Aux oignons, ajouter 250 ml (1 tasse) d'eau de cuisson des tomates et des pommes de terre. Faire cuire 15 minutes à feu doux.

4 Au moulin à légumes ou au robot culinaire, réduire en purée les pommes de terre, les tomates et le contenu de la poêle.

5 Ajouter suffisamment de liquide de cuisson pour obtenir la consistance désirée. Bien assaisonner.

6 Frotter d'ail les tranches de pain grillées. Mettre le pain au fond des bols et couvrir de soupe. Servir immédiatement. Garnir de crème sure et d'origan, si désiré.

Crème bretonne
(4 à 6 portions)

375 ml	haricots blancs secs	1 ½ tasse
30 ml	beurre	2 c. à s.
2	blancs de poireaux, lavés et tranchés finement	2
2	oignons, épluchés et tranchés finement	2
1	brin de thym frais	1
2	brins de persil frais	2
2	feuilles de laurier	2
4	feuilles de basilic frais	4
30 ml	pâte de tomates	2 c. à s.
50 ml	crème à 35 %	¼ tasse
4	tranches de bacon, cuites et émiettées	4
	sel et poivre	
	poivre de Cayenne, au goût	

1 Faire tremper les haricots secs pendant 8 heures dans de l'eau froide. Bien égoutter.

2 Faire chauffer le beurre dans une grande casserole, à feu moyen. Ajouter les poireaux et l'oignon; couvrir et faire cuire 6 minutes à feu doux.

3 Ajouter les haricots et tous les assaisonnements. Mouiller avec suffisamment d'eau pour recouvrir les haricots de 5 cm (2 po). Amener à ébullition. Faire cuire partiellement couvert, à feu doux, 2½ heures. Ajouter du liquide, si nécessaire, pour maintenir les haricots immergés.

4 Ajouter la pâte de tomates et bien mélanger. Poursuivre la cuisson 10 minutes.

5 Filtrer la soupe à travers une passoire. Incorporer la crème et ajouter un peu de bouillon chaud si la soupe est trop épaisse. Garnir de bacon et de fenouil frais, si désiré.

Soupe quatre-saisons
(6 portions)

1,5 kg	poulet, lavé et paré	3½ lb
1	oignon, épluché et coupé en deux	1
1	branche de céleri, coupée en deux	1
2	carottes, pelées	2
1	brin de thym frais	1
2	brins de persil frais	2
2,5 litres	eau	10 tasses
3	blancs de poireaux	3
50 ml	beurre	¼ tasse
75 ml	farine	5 c. à s.
30 ml	estragon frais haché	2 c. à s.
	sel et poivre	
	poivre de Cayenne, au goût	

1 Mettre le poulet, l'oignon, le céleri et les carottes dans une grande casserole. Ajouter le thym et le persil; bien assaisonner. Mouiller avec l'eau, amener à ébullition et faire cuire 4 minutes. Écumer et poursuivre la cuisson à feu doux, à découvert, 55 minutes. Retirer le poulet lorsqu'il est cuit, enlever la peau et couper la chair en dés. Filtrer le liquide de cuisson et réserver.

2 Fendre les poireaux en quatre, jusqu'à 2,5 cm (1 po) de la base. Bien les laver, égoutter et trancher.

3 Faire chauffer le beurre dans une casserole, à feu moyen. Ajouter les poireaux et faire cuire 8 minutes à feu doux. Saupoudrer de farine et bien mélanger. Faire cuire 1 minute.

4 Incorporer 1,25 litres (5 tasses) du liquide de cuisson réservé. Bien assaisonner avec le sel, le poivre et le poivre de Cayenne. Faire cuire 30 minutes à feu doux.

5 Ajouter l'estragon haché et la quantité de poulet désirée. Laisser mijoter 2 minutes et servir.

Potage aux pétoncles et aux champignons
(4 portions)

15 ml	beurre	1 c. à s.
450 g	pétoncles frais, nettoyés	1 lb
225 g	champignons frais, nettoyés et tranchés	½ lb
4	oignons verts, hachés	4
250 ml	vin blanc sec	1 tasse
750 ml	eau	3 tasses
2 ml	aneth	½ c. à t.
15 ml	persil frais haché	1 c. à s.
90 g	nouilles chinoises	3 oz
	sel et poivre	
	poivre de Cayenne, au goût	

1 Graisser une casserole avec du beurre. Ajouter les pétoncles, les champignons et les oignons. Mouiller avec le vin et l'eau. Ajouter tous les assaisonnements. Couvrir d'une pellicule de plastique et amener au point d'ébullition, à feu moyen.

2 Dès que le liquide commence à bouillir, retirer la casserole du feu. À l'aide d'une écumoire, retirer les pétoncles, les mettre dans un bol et réserver.

3 Remettre la casserole à feu moyen. Poursuivre la cuisson 10 minutes.

4 Ajouter les nouilles et faire cuire 5 minutes.

5 Lorsque les nouilles sont cuites, remettre les pétoncles dans la casserole. Laisser mijoter 3 minutes à feu doux. Assaisonner et servir.

Soupe aux épinards au curry
(4 à 6 portions)

2	bottes d'épinards	2
30 ml	beurre	2 c. à s.
1	oignon, épluché et haché	1
2	échalotes sèches, épluchées et hachées	2
30 ml	poudre de curry	2 c. à s.
5 ml	curcuma	1 c. à t.
30 ml	farine	2 c. à s.
1 litre	bouillon de poulet, chaud	4 tasses
500 ml	petits pois surgelés	2 tasses
125 ml	crème à 15 %	½ tasse
	sel et poivre	
	poivre de Cayenne, au goût	

1 Retirer les tiges des épinards. Bien les laver à l'eau froide, plusieurs fois si nécessaire. Égoutter et hacher.

2 Faire chauffer le beurre dans une casserole, à feu moyen. Ajouter l'oignon et les échalotes. Faire cuire 4 minutes à feu doux.

3 Saupoudrer de curry et de curcuma; bien mélanger. Faire cuire 2 minutes. Saupoudrer de farine et bien mélanger. Poursuivre la cuisson 1 minute.

4 Ajouter les épinards hachés, assaisonner et bien mélanger. Couvrir et faire cuire 4 minutes, à feu doux.

5 Incorporer le bouillon de poulet et bien assaisonner. Ajouter les petits pois et faire cuire 8 à 10 minutes, à feu moyen.

6 Au robot culinaire, réduire la soupe en purée. Incorporer la crème et rectifier l'assaisonnement. Servir chaud ou froid. Garnir de feuilles d'épinard cuites, si désiré.

Potage de légumes en julienne
(4 à 6 portions)

45 ml	beurre	3 c. à s.
1	branche de céleri, coupée en julienne	1
2	oignons verts, coupés en morceaux de 2,5 cm (1 po)	2
1	carotte, pelée et coupée en julienne	1
8	haricots mange-tout, coupés en deux dans le sens de la longueur	8
1	poivron rouge, coupé en julienne	1
1	grosse pomme de terre, épluchée et coupée en julienne	1
½	navet, pelé et coupé en julienne	½
1,5 litre	bouillon au choix, chaud	6 tasses
2	brins de persil frais	2
1	brin d'estragon frais	1
1	petit brin de romarin frais	1
	sel et poivre	

1 Faire chauffer le beurre dans une casserole, à feu moyen. Ajouter tous les légumes et bien assaisonner. Couvrir et faire cuire 8 minutes à feu doux.

2 Mouiller avec le bouillon et ajouter tous les assaisonnements. Amener à ébullition et faire cuire à découvert 8 minutes, à feu doux.

3 Servir avec du pain de seigle grillé.

Crème de champignons à l'ancienne
(4 à 6 portions)

50 ml	beurre	¼ tasse
1	petit oignon, épluché et haché finement	1
1	blanc de poireau, lavé et tranché	1
½	branche de céleri, coupée en dés	½
2 ml	basilic	½ c. à t.
5 ml	persil frais haché	1 c. à t.
50 ml	farine	¼ tasse
1,25 litre	bouillon de poulet, chaud (voir p. 10)	5 tasses
1	jaune d'œuf	1
125 ml	crème à 15 %	½ tasse
125 ml	riz cuit	½ tasse
375 ml	poulet cuit, coupé en dés	1 ½ tasse
	sel et poivre	

1 Faire chauffer le beurre dans une grande casserole, à feu moyen. Ajouter les légumes et tous les assaisonnements. Couvrir et faire cuire 8 minutes à feu doux.

2 Saupoudrer de farine et bien mélanger. Faire cuire 2 minutes, à découvert.

3 Mouiller avec le bouillon de poulet et bien mélanger avec le fouet. Assaisonner et faire cuire à découvert 30 minutes, à feu doux.

4 Mélanger le jaune d'œuf et la crème; incorporer à la soupe. Ajouter le riz et le poulet. Laisser mijoter 4 minutes à feu doux, sans laisser bouillir.

Potage à la parisienne
(4 portions)

2	blancs de poireaux, lavés et tranchés	2
4	pommes de terre, épluchées	4
1,25 litre	bouillon de poulet, chaud	5 tasses
15 ml	basilic frais haché	1 c. à s.
15 ml	cerfeuil frais haché	1 c. à s.
45 ml	beurre fondu	3 c. à s.
10 ml	farine	2 c. à t.
12	petites tranches de pain français	12
	sel et poivre	
	poivre de Cayenne, au goût	
	gruyère râpé	

1 Mettre les poireaux et les pommes de terre dans une casserole. Mouiller avec le bouillon de poulet et ajouter tous les assaisonnements. Faire cuire à feu moyen jusqu'à ce que les pommes de terre soient cuites.

2 Retirer les pommes de terre, puis filtrer le bouillon à travers une passoire. Réserver les pommes de terre et le bouillon séparément.

3 Mélanger le beurre et la farine. Incorporer à la soupe en fouettant.

4 Réduire les pommes de terre en purée et les ajouter au bouillon. Assaisonner généreusement et faire mijoter 4 minutes.

5 Entre-temps, étaler les tranches de pain en une seule couche sur une plaque à pâtisserie. Couvrir de gruyère râpé et mettre au four à gril, jusqu'à ce que le fromage soit fondu.

6 Verser la soupe dans des bols et garnir de morceaux de pain.

Minestrone à la milanaise
(4 à 6 portions)

250 ml	haricots blancs secs	1 tasse
30 g	lard salé, coupé en dés	1 oz
1	oignon, épluché et haché	1
1	courgette, coupée en dés	1
2	tomates, pelées, épépinées et hachées	2
2	pommes de terre, épluchées et coupées en dés	2
500 ml	chou, tranché finement	2 tasses
50 ml	riz, rincé	¼ tasse
2	gousses d'ail, épluchées, écrasées et hachées	2
30 ml	basilic frais haché	2 c. à s.
125 ml	parmesan râpé	½ tasse
	sel et poivre	

1 Faire tremper les haricots 8 heures dans de l'eau froide. Égoutter.

2 Mettre les haricots dans une grande casserole. Ajouter suffisamment d'eau pour les couvrir et saler. Amener à ébullition et écumer pendant la cuisson. Baisser le feu à doux et faire cuire 1½ heure. Ajouter de l'eau au besoin, pour garder les haricots immergés.

3 Mettre le lard salé dans une poêle, à feu moyen. Ajouter l'oignon et la courgette; faire cuire 7 minutes. Ajouter le reste des légumes, bien assaisonner et faire cuire 4 minutes.

4 Ajouter les légumes aux haricots dans la casserole. Poursuivre la cuisson 1 heure 10 minutes, à feu doux. Ajouter du liquide au besoin, pour garder les ingrédients immergés.

5 Ajouter le riz, l'ail et le basilic. Assaisonner généreusement et faire cuire 20 minutes.

6 Ajouter le fromage, assaisonner et servir.

Mettre les haricots dans une grande casserole. Ajouter suffisamment d'eau pour les couvrir et saler. Amener à ébullition et écumer pendant la cuisson.

Mettre le lard salé dans une poêle, à feu moyen. Ajouter l'oignon et la courgette; faire cuire 7 minutes. Ajouter le reste des légumes, bien assaisonner et faire cuire 4 minutes.

Ajouter les légumes aux haricots dans la casserole. Poursuivre la cuisson 1 heure 10 minutes, à feu doux.

Ajouter le riz, l'ail et le basilic. Assaisonner généreusement et faire cuire 20 minutes.

Soupe aux okras et au crabe
(6 à 8 portions)

1 litre	bouillon de bœuf	4 tasses
1 litre	eau	4 tasses
450 g	rôti de palette maigre, désossé	1 lb
1	petit os de veau, détaillé en gros morceaux	1
60 ml	pâte de tomates	4 c. à s.
1	brin de thym frais	1
2	brins de persil frais	2
1	feuille de laurier	1
60 ml	beurre	4 c. à s.
1	oignon espagnol, épluché et haché	1
500 ml	okras surgelés, coupés en deux	2 tasses
60 ml	farine, légèrement grillée au four	4 c. à s.
450 g	chair de crabe	1 lb
	sel et poivre	

1 Verser le bouillon de bœuf et l'eau dans une casserole. Ajouter la viande, l'os et la pâte de tomates. Ajouter tous les assaisonnements et amener à ébullition. Écumer et faire cuire 3 heures à feu doux.

2 Retirer la viande et la couper en petits morceaux. Filtrer le liquide de cuisson. Réserver le bouillon et la viande séparément.

3 Faire chauffer le beurre dans une grande casserole, à feu moyen. Ajouter l'oignon et faire cuire 8 minutes à feu doux. Ajouter les okras et poursuivre la cuisson 4 minutes.

4 Saupoudrer de farine grillée et bien mélanger. Incorporer le liquide de cuisson et amener à ébullition. Bien assaisonner.

5 Ajouter la viande et faire cuire la soupe 30 minutes à feu doux. Ajouter la chair de crabe et poursuivre la cuisson 4 minutes.

6 Servir avec du riz.

Soupe du Valais
(4 à 6 portions)

2	blancs de poireaux, lavés et tranchés	2
1	oignon, épluché et tranché	1
1	chou-fleur, coupé en quatre	1
30 ml	beurre	2 c. à s.
30 ml	farine	2 c. à s.
125 ml	riz, rincé	½ tasse
3 à 4	feuilles de céleri	3 à 4
4 à 6	tranches de fromage Havarti	4 à 6
	sel et poivre	
	poivre de Cayenne, au goût	

1 Faire cuire les poireaux dans de l'eau bouillante salée 10 minutes, à feu moyen. Ajouter l'oignon et le chou-fleur. Poursuivre la cuisson 12 minutes. Retirer les légumes du liquide; réserver les légumes et le liquide de cuisson séparément.

2 Faire chauffer le beurre à feu moyen dans une casserole. Saupoudrer de farine et bien mélanger. Faire cuire 1 minute.

3 Incorporer 1 litre (4 tasses) de liquide de cuisson des légumes. Assaisonner et bien mélanger. Ajouter le riz et les feuilles de céleri. Faire cuire à découvert 20 minutes, à feu doux.

4 Diviser le chou-fleur en bouquets. Les ajouter à la soupe avec les poireaux et l'oignon. Laisser mijoter 3 minutes à feu doux.

5 Disposer une tranche de fromage dans chaque bol. Y verser la soupe et servir.

Soupe aux poireaux et au gruyère
(4 à 6 portions)

2	blancs de poireaux	2
45 ml	beurre	3 c. à s.
1	oignon, épluché et tranché	1
4	pommes de terre, épluchées et coupées en dés	4
2	brins de persil frais	2
1 ml	thym	¼ c. à t.
2 ml	marjolaine	½ c. à t.
1	feuille de laurier	1
2 ml	cerfeuil	½ c. à t.
1,5 litre	bouillon de poulet, chaud	6 tasses
250 ml	gruyère râpé	1 tasse
1	pincée de muscade	1
	sel et poivre	

1 Fendre les poireaux en quatre jusqu'à 2,5 cm (1 po) de la base. Bien les laver, puis les émincer.

2 Dans une grande casserole, à feu moyen, faire chauffer le beurre. Ajouter les poireaux et l'oignon, couvrir et faire cuire 12 minutes à feu doux. Remuer deux fois pendant la cuisson.

3 Ajouter les pommes de terre. Dans une mousseline, rassembler tous les assaisonnements, sauf la muscade. Nouer avec une ficelle et mettre dans la casserole.

4 Mouiller avec le bouillon de poulet et ajouter la muscade. Faire cuire à découvert 30 minutes, à feu doux.

5 Répartir le fromage entre les bols, couvrir de soupe et servir.

Potage à l'ail
(4 à 6 portions)

24	gousses d'ail, épluchées	24
1,5 litre	eau	6 tasses
50 ml	beurre	¼ tasse
500 ml	croûtons	2 tasses
4	jaunes d'œufs	4
250 ml	gruyère râpé	1 tasse
	sel et poivre	
	poivre de Cayenne, au goût	

1 Mettre l'ail dans une casserole et ajouter l'eau. Assaisonner de sel, de poivre et de poivre de Cayenne. Faire cuire 16 minutes à feu moyen.

2 À l'aide d'une écumoire, retirer les gousses d'ail. Les réduire en purée dans un mortier, puis remettre la purée d'ail dans l'eau de cuisson.

3 Dans une poêle, à feu moyen, faire chauffer le beurre. Ajouter les croûtons et faire revenir 2 à 3 minutes. Répartir les croûtons entre les bols à soupe.

4 Battre les jaunes d'œufs dans un bol. Y incorporer 250 ml (1 tasse) de soupe chaude. Très bien mélanger, puis incorporer à la soupe en fouettant. Laisser mijoter 4 minutes à feu très doux.

5 Servir sur les croûtons et garnir de fromage râpé et de croûtons, si désiré.

Soupe aux pruneaux et au poulet

(4 à 6 portions)

BOUILLON:

1 kg	os de veau	2 lb
1 kg	os de poulet, lavés	2 lb
2,5 litres	eau	10 tasses
1	blanc de poireau, lavé	1
2	carottes, pelées et coupées en deux	2
2	branches de céleri coupées en dés	2
1	brin de thym frais	1
2	brins de persil frais	2
4	feuilles de basilic frais	4
2	feuilles de laurier	2
12	grains de poivre noir	12
2	clous de girofle	2
	sel et poivre	

1 Mettre les os dans une grande casserole et ajouter l'eau. Amener à ébullition et faire cuire 8 minutes; écumer le liquide de cuisson.

2 Ajouter le reste des ingrédients et faire cuire à feu doux, partiellement couvert, pendant 2 heures.

3 Filtrer et réserver le bouillon.

SOUPE:

3	blancs de poireaux	3
30 ml	beurre	2 c. à s.
250 ml	pruneaux dénoyautés	1 tasse
1	poitrine de poulet entière, cuite, sans peau et tranchée	1
	sel et poivre	
	persil frais haché	

1 Fendre les poireaux en quatre jusqu'à 2,5 cm (1 po) de la base. Bien les laver. Faire cuire 15 minutes dans de l'eau bouillante salée, bien égoutter et émincer finement.

2 Faire chauffer le beurre dans une casserole, à feu moyen. Ajouter les poireaux, les pruneaux et le poulet. Couvrir et faire mijoter 4 minutes.

3 Mouiller avec le bouillon et rectifier l'assaisonnement. Laisser mijoter 2 minutes, parsemer de persil haché et servir.

Soupe de poisson aux champignons
(4 portions)

30 ml	beurre	2 c. à s.
225 g	champignons frais, nettoyés et tranchés	½ lb
1	échalote sèche, épluchée et hachée	1
3	filets de sole frais, rincés	3
125 ml	vin blanc sec	½ tasse
125 ml	eau	½ tasse
1	oignon, épluché et haché	1
500 ml	jus de palourde	2 tasses
1	jaune d'œuf	1
250 ml	crème à 15 %	1 tasse
1	pincée de paprika	1
	sel et poivre	
	poivre de Cayenne, au goût	
	persil frais haché	

1 Graisser une poêle avec 15 ml (1 c. à s.) de beurre. Ajouter les champignons, l'échalote et le poisson. Bien assaisonner et mouiller avec le vin et l'eau. Couvrir d'une feuille de papier ciré et amener à ébullition à feu moyen-doux.

2 Retirer le poisson de la poêle et réserver. Poursuivre la cuisson du liquide 5 minutes à feu doux.

3 Faire chauffer le reste du beurre dans une casserole, à feu moyen. Ajouter l'oignon et faire cuire 6 minutes.

4 Mouiller avec le jus de palourde et le liquide de cuisson du poisson et des champignons. Mélanger le jaune d'œuf et la crème; incorporer à la soupe. Assaisonner de poivre de Cayenne et de paprika.

5 Détailler le poisson en dés et l'ajouter à la soupe. Rectifier l'assaisonnement, ajouter le persil et laisser mijoter 3 minutes. Servir.

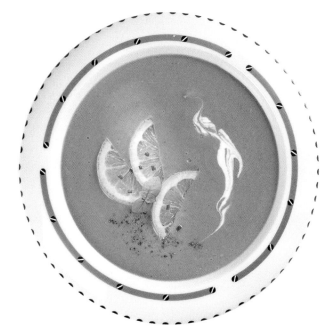

Velouté à l'avocat
(4 à 6 portions)

450 g	épinards frais, bien lavés	1 lb
60 ml	beurre	4 c. à s.
60 ml	farine	4 c. à s.
500 ml	lait, chaud	2 tasses
500 ml	bouillon de poulet, chaud	2 tasses
50 ml	crème à 35 %	¼ tasse
2	avocats, épluchés, dénoyautés et la chair en purée	2
15 ml	basilic frais haché	1 c. à s.
	sel et poivre	
	poivre de Cayenne, au goût	
	quelques gouttes de jus de citron	

1 Faire cuire les épinards 6 minutes, dans une petite quantité d'eau bouillante salée. Égoutter dans une passoire et presser avec le dos d'une cuillère pour en extraire toute l'eau. Réduire en purée au robot culinaire.

2 Faire chauffer le beurre dans une casserole, à feu moyen. Ajouter la farine et faire cuire 1 minute. Mouiller avec le lait et bien mélanger. Ajouter le bouillon de poulet et bien mélanger. Assaisonner et faire cuire 3 minutes, à feu moyen.

3 Incorporer la purée d'épinards. Poursuivre la cuisson 6 minutes.

4 Passer la soupe au moulin à légumes. Incorporer la crème et la purée d'avocats. Parsemer de basilic et rectifier l'assaisonnement.

5 Ajouter quelques gouttes de jus de citron pour éviter que la soupe ne s'oxyde. Réfrigérer et servir très froid.

Soupe aux asperges à l'ancienne
(4 à 6 portions)

450 g	asperges fraîches	1 lb
45 ml	beurre	3 c. à s.
30 ml	estragon frais haché	2 c. à s.
60 ml	beurre	4 c. à s.
60 ml	farine	4 c. à s.
500 ml	lait, chaud	2 tasses
500 ml	bouillon au choix, chaud	2 tasses
50 ml	crème à 35 %	¼ tasse
	jus de ½ citron	
	sel et poivre	
	poivre de Cayenne, au goût	

1 Nettoyer les asperges et les parer, si nécessaire. Couper l'extrémité de la tige et la jeter. Détailler le reste de la tige en petits tronçons.

2 Faire chauffer 45 ml (3 c. à s.) de beurre dans une casserole, à feu moyen. Ajouter les asperges, l'estragon et le jus de citron. Bien assaisonner de sel, de poivre et de poivre de Cayenne. Couvrir et faire cuire 20 minutes à feu doux.

3 Faire chauffer le reste du beurre dans une autre casserole, à feu moyen. Saupoudrer de farine et bien mélanger. Faire cuire 1 minute.

4 En fouettant, incorporer le lait, puis le bouillon. Bien assaisonner et faire cuire 15 minutes à feu doux.

5 Ajouter les asperges cuites et le jus de cuisson. Bien assaisonner et passer au moulin à légumes.

6 Incorporer la crème, rectifier l'assaisonnement et servir.

Velouté aux fruits de mer
(4 portions)

450 g	crevettes fraîches, décortiquées et déveinées	1 lb
75 ml	beurre	5 c. à s.
2	grosses échalotes sèches, épluchées et hachées	2
1	poivron rouge, coupé en dés	1
1 ml	graines d'aneth	¼ c. à t.
5 ml	cerfeuil	1 c. à t.
75 ml	farine	⅓ tasse
500 ml	jus de palourde	2 tasses
750 ml	lait, chaud	3 tasses
1	pincée de paprika	1
1	pincée de poivre de Cayenne	1
	sel et poivre fraîchement moulu	

1 Réserver 6 crevettes entières et hacher les autres.

2 Dans une casserole, faire chauffer le beurre, à feu moyen. Ajouter les crevettes hachées, les échalotes sèches, le poivron et tous les assaisonnements. Couvrir et faire cuire 8 minutes à feu doux.

3 Saupoudrer de farine et bien mélanger. Faire cuire 1 minute, à découvert. Incorporer le jus de palourde et le lait chaud. Rectifier l'assaisonnement et faire cuire 20 minutes à feu doux.

4 Passer au moulin à légumes, puis verser dans une autre casserole. Faire mijoter à feu doux.

5 Détailler en dés les crevettes réservées. Faire cuire 1 minute dans de l'eau citronnée. Ajouter à la soupe, laisser mijoter 1 minute et servir.

Gaspacho au homard
(6 portions)

2	blancs de poireaux	2
2	branches de céleri, coupées en courte julienne	2
I	concombre, épépiné, non épluché et coupé en courte julienne avec la peau	I
4	grosses tomates, pelées, épépinées et coupées en dés	4
I	concombre, pelé, épépiné et coupé en dés	I
4	brins de cerfeuil frais, haché	4
I	poivron rouge, coupé en dés	I
3	gousses d'ail, épluchées, écrasées et hachées	3
15 ml	vinaigre de vin blanc	I c. à s.
500 ml	crème à 15 %, chaude	2 tasses
I	gros homard cuit, la chair détaillée en dés	I
	sel et poivre	
	poivre de Cayenne	

1 Fendre les poireaux en quatre jusqu'à 2,5 cm (1 po) de la base. Bien les laver et les émincer.

2 Mettre les poireaux et le céleri dans une casserole. Couvrir d'eau et faire cuire 10 minutes à feu moyen. Baisser le feu à doux et ajouter la julienne de concombre. Faire cuire 2 minutes. Bien égoutter les légumes et réserver.

3 Au robot culinaire, mélanger rapidement les tomates, les dés de concombre, le cerfeuil, le poivron et l'ail.

4 Verser le mélange dans la casserole et ajouter 250 ml (1 tasse) d'eau et le vinaigre. Assaisonner de sel, de poivre et de poivre de Cayenne. Couvrir et faire cuire 5 minutes à feu moyen-doux.

5 Augmenter le feu et incorporer la crème. Faire bouillir 3 minutes.

6 Retirer la casserole du feu. Ajouter les légumes en julienne et la chair de homard. Laisser refroidir au moins 4 heures avant de servir.

Soupe créole au poulet
(6 à 8 portions)

45 ml	beurre	3 c. à s.
I	oignon, épluché et haché	I
I	branche de céleri, coupée en dés	I
I	blanc de poireau, lavé et émincé	I
I	poivron vert, coupé en dés	I
I	poivron rouge, coupé en dés	I
125 ml	jambon cuit, coupé en dés	½ tasse
I	cuisse de poulet, sans la peau, désossée, la chair coupé en dés	I
1,25 litre	bouillon de volaille, chaud (voir page 10)	5 tasses
50 ml	riz, rincé	¼ tasse
8	gombos	8
2	tomates, épluchées, épépinées, coupées en dés	2
	sel et poivre	

1 Faire fondre le beurre dans une casserole, à feu moyen. Ajouter l'oignon, le céleri, le poireau et les poivrons. Couvrir et faire cuire 8 minutes à feu doux. Incorporer le jambon et le poulet. Faire cuire 4 minutes, à découvert.

2 Ajouter le bouillon de volaille et bien assaisonner. Faire cuire à découvert 20 minutes, à feu doux. Ajouter le riz et poursuivre la cuisson 15 minutes.

3 Ajouter les gombos et les tomates; poursuivre la cuisson 5 minutes. Servir avec du pain à l'ail.

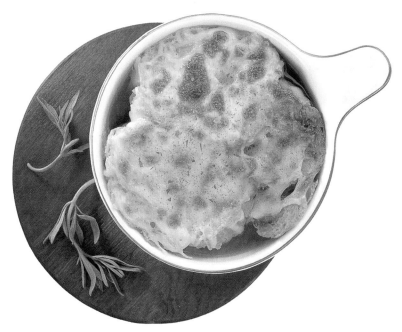

Soupe à l'oignon gratinée
(4 à 6 portions)

45 ml	beurre	3 c. à s.
3	oignons espagnols, épluchés et tranchés	3
250 ml	vin blanc sec	1 tasse
1,75 litre	bouillon de bœuf, chaud	7 tasses
1	brin de thym frais	1
1	brin de basilic frais	1
1	brin de persil frais	1
2	feuilles de laurier	2
375 ml	gruyère râpé	1 ½ tasse
	tranches épaisses de pain français	
	sel et poivre	

1 Retirer la croûte du pain et tailler les tranches aux dimensions des bols à soupe. Faire griller et réserver.

2 Faire chauffer le beurre dans une poêle, à feu moyen. Ajouter les oignons et faire cuire 35 minutes à feu doux. Remuer de temps à autre pendant la cuisson. Les oignons devraient être brunis et ramollis, sans être brûlés.

3 Mouiller avec le vin. Poursuivre la cuisson à découvert, 6 minutes.

4 Ajouter le bouillon de bœuf. Envelopper les fines herbes et les feuilles de laurier dans une mousseline nouée avec une ficelle et mettre dans la soupe. Bien saler et poivrer. Faire cuire 30 minutes à feu doux.

5 Mettre 15 ml (1 c. à s.) de fromage dans chaque bol à soupe allant au four. Placer les bols sur une plaque à pâtisserie. Les remplir de soupe et garnir de pain grillé, puis de fromage.

6 Faire gratiner au milieu d'un four préchauffé à gril, 15 minutes ou jusqu'à ce que le fromage soit doré. Servir.

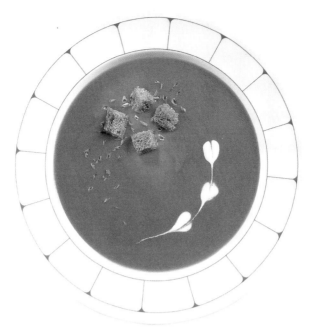

Soupe aux tomates
(4 à 6 portions)

1,25 litre	eau	5 tasses
6	tomates	6
50 ml	beurre	¼ tasse
1	oignon espagnol, épluché et tranché finement	1
1	gousse d'ail, épluchée et tranchée	1
75 ml	farine	5 c. à s.
1	brin de thym frais	1
2	brins de persil frais	2
2	brins de basilic frais	2
1	feuille de laurier	1
5 ml	sucre	1 c. à t.
	sel et poivre	
	crème sure, pour garnir	
	ciboulette fraîche hachée	

1 Dans une grande casserole, amener l'eau à ébullition. Y plonger les tomates jusqu'à ce que la peau commence à se détacher. Laisser refroidir suffisamment pour pouvoir les tenir, puis les peler et les couper en quartiers. Ne pas épépiner.

2 Remettre les tomates en quartiers dans l'eau bouillante. Saler et poivrer, puis faire cuire 15 minutes à feu doux.

3 Entre-temps, faire chauffer le beurre dans une casserole, à feu moyen. Ajouter l'oignon et l'ail; faire cuire 15 minutes à feu doux.

4 Saupoudrer de farine et bien mélanger. Faire cuire 2 minutes à feu doux.

5 Mesurer 500 ml (2 tasses) du bouillon des tomates. Verser dans la casserole contenant l'oignon. Bien mélanger et faire cuire 1 minute.

6 Verser le mélange à l'oignon dans la casserole contenant le reste du bouillon et les tomates. Bien mélanger. Ajouter les fines herbes, la feuille de laurier et le sucre; bien assaisonner. Faire cuire 30 minutes à feu doux.

7 Passer la soupe à travers une passoire avant de la servir. Accompagner de croûtons.

Avec une cuillère à thé, déposer 3 gouttes de crème sure dans chaque bol rempli de soupe.

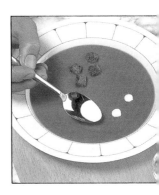

Placer la pointe d'un couteau devant la première goutte de crème sure.

D'un geste léger, faire courir la lame d'une goutte à l'autre pour former un dessin en forme de cœur.

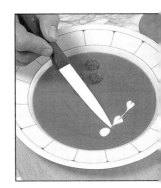

Garnir de croûtons et de ciboulette hachée.

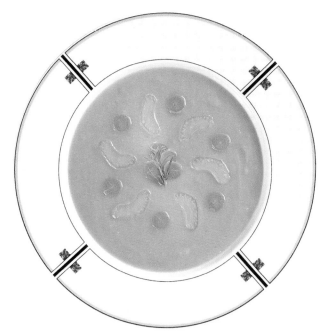

Potage aux haricots blancs
(4 à 6 portions)

375 ml	haricots blancs secs	1 ½ tasse
1	oignon, épluché et piqué de 1 clou de girofle	1
1	gousse d'ail, épluchée et tranchée	1
1	carotte, pelée et coupée en dés	1
½	branche de céleri, coupée en dés	½
15 ml	persil frais haché	1 c. à s.
15 ml	basilic frais haché	1 c. à s.
1 ml	marjolaine	¼ c. à t.
250 ml	bouillon de poulet	1 tasse
	sel et poivre	

1 Faire tremper les haricots dans de l'eau froide toute la nuit. Égoutter et mettre dans une grande casserole. Couvrir d'eau froide et amener à ébullition. Faire cuire 5 minutes et écumer le liquide.

2 Égoutter les haricots et les remettre dans la casserole. Ajouter l'oignon, l'ail, la carotte, le céleri et tous les assaisonnements. Couvrir d'eau froide et amener à ébullition. Faire cuire à feu doux, partiellement couvert, 2½ à 3 heures. Ajouter de l'eau, si nécessaire, pour maintenir les haricots immergés.

3 Lorsque les haricots sont cuits, passer la soupe au moulin à légumes. Ajouter 250 ml (1 tasse) de bouillon de poulet. Si la soupe est trop épaisse, ajouter du bouillon de poulet jusqu'à l'obtention de la consistance désirée. Servir avec du pain français.

Soupe aux tomates et aux okras
(4 à 6 portions)

1,5 kg	os de poulet, lavés	3 lb
2,5 litres	eau	10 tasses
2	blancs de poireaux	2
2	oignons, épluchés et coupés en huit	2
2	branches de céleri, hachées	2
3	tomates, pelées, épépinées et hachées	3
500 ml	okras, cuits et tranchés	2 tasses
375 ml	riz cuit	1½ tasse
2	tomates, pelées, épépinées et coupées en dés	2
1	branche de céleri, coupée en dés	1
	sel et poivre	
	poivre de Cayenne, au goût	

1 Mettre les os de poulet dans une grande casserole et ajouter l'eau. Amener à ébullition et faire cuire 6 minutes; écumer le liquide.

2 Fendre les poireaux en quatre, jusqu'à 2,5 cm (1 po) de la base. Bien les laver.

3 Dans la casserole, mettre les poireaux entiers, les oignons, les branches de céleri et les tomates hachées. Assaisonner de sel, de poivre et de poivre de Cayenne. Faire cuire 1 minute à feu doux.

4 Retirer les os de poulet et les jeter. Filtrer le contenu de la casserole à travers une passoire, puis mettre le bouillon dans une autre casserole.

5 Ajouter au bouillon les okras, le riz, les tomates et le céleri coupés en dés. rectifier l'assaisonnement et faire cuire 5 minutes à feu doux.

6 Servir.

Soupe aux légumes, aux crevettes et au brandy

(4 portions)

45 ml	beurre	3 c. à s.
50 ml	carottes coupées en dés	¼ tasse
50 ml	céleri coupé en dés	¼ tasse
2	échalotes sèches, épluchées et coupées en dés	2
450 g	crevettes fraîches, décortiquées et déveinées	1 lb
45 ml	brandy	3 c. à s.
125 ml	vin blanc sec	½ tasse
1 litre	sauce blanche, chaude (voir p. 14)	4 tasses
1	pincée de paprika	1
1	pincée de poivre de Cayenne	1
	sel et poivre	
	persil frais haché	

1 Faire fondre le beurre dans une poêle, à feu moyen. Ajouter les légumes et faire cuire 5 minutes à feu vif. Ajouter les crevettes, assaisonner et poursuivre la cuisson 4 minutes.

2 Arroser de brandy et faire flamber. Ajouter le vin et poursuivre la cuisson 2 minutes.

3 Réserver une crevette par portion. Au robot culinaire, réduire en purée le contenu de la poêle.

4 Verser la sauce blanche dans une casserole et incorporer la purée de crevettes et légumes. Assaisonner de sel, de poivre, de paprika et de poivre de Cayenne; bien mélanger.

5 Laisser mijoter la soupe 5 minutes à feu doux. Garnir chaque portion d'une crevette entière et de persil haché.

Crème de cresson
(4 portions)

60 ml	beurre	4 c. à s.
2	bottes de cresson, lavé et haché	2
1	échalote sèche, épluchée et hachée	1
75 ml	farine	5 c. à s.
1,25 litre	bouillon de poulet, chaud	5 tasses
50 ml	crème à 35 % (facultatif)	¼ tasse
	sel et poivre	
	poivre de Cayenne, au goût	

1 Faire chauffer le beurre dans une casserole, à feu moyen. Ajouter le cresson, l'échalote sèche et bien assaisonner. Couvrir et faire cuire 15 minutes à feu doux.

2 Saupoudrer de farine et bien mélanger. Faire cuire 1 minute à découvert. À l'aide d'un fouet, incorporer le bouillon de poulet. Rectifier l'assaisonnement et faire cuire 25 minutes à découvert, à feu doux.

3 Passer la soupe au moulin à légumes et incorporer la crème, si désiré. Assaisonner et servir. Garnir de ciboulette hachée et d'oignons verts émincés, si désiré.

Soupe à la bière
(4 à 6 portions)

50 ml	beurre	¼ tasse
1	oignon espagnol, épluché et tranché finement	1
15 ml	persil frais haché	1 c. à s.
15 ml	basilic frais haché	1 c. à s.
125 ml	farine	½ tasse
1,25 litre	bière, à température ambiante	5 tasses
2	jaunes d'œufs	2
125 ml	crème à 35 %	½ tasse
1	pincée de sucre	1
	sel et poivre	

1 Faire chauffer le beurre dans une casserole, à feu moyen. Ajouter l'oignon et les fines herbes; couvrir et faire cuire 30 minutes à feu doux. Remuer 3 fois pendant la cuisson.

2 Saupoudrer de farine et bien mélanger. Faire cuire 1 minute.

3 Mouiller avec la bière et bien mélanger. Ajouter le sucre, saler et poivrer. Amener à ébullition. Faire cuire la soupe à découvert 30 minutes, à feu doux.

4 Mélanger les jaunes d'œufs et la crème. Baisser le feu à doux sous la casserole. Y incorporer le mélange aux jaunes d'œufs et laisser mijoter 2 minutes. Servir.

Soupe à l'orzo et au poulet

(4 à 6 portions)

1	blanc de poireau	1
1,5 kg	poulet, bridé	3½ lb
1	oignon, épluché	1
2	carottes, pelées	2
3 litres	eau	12 tasses
30 ml	beurre	2 c. à s.
2	échalotes sèches, épluchées et hachées	2
375 ml	orzo	1½ tasse
1	concombre, pelé, épépiné et coupé en dés	1
	sel et poivre	

1 Fendre les poireaux en quatre jusqu'à 2,5 cm (1 po) de la base. Bien les laver.

2 Mettre le poulet, le poireau, l'oignon et les carottes dans une grande casserole. Y verser l'eau, bien assaisonner et amener à ébullition. Faire cuire 4 minutes et écumer. Poursuivre la cuisson à découvert 55 minutes, à feu doux. Retirer le poulet lorsqu'il est cuit, enlever la peau et couper la chair en dés. Égoutter le liquide de cuisson et réserver.

3 Faire chauffer le beurre dans une casserole, à feu moyen. Ajouter les échalotes et l'orzo. Faire cuire 3 minutes. Incorporer 750 ml (3 tasses) du liquide de cuisson réservé. Faire cuire 12 à 15 minutes.

4 Ajouter le concombre et la quantité de poulet désiré. Bien assaisonner, mélanger et laisser mijoter 5 minutes.

5 Si la soupe est trop épaisse, ajouter du liquide de cuisson jusqu'à l'obtention de la consistance désirée.

Soupe aux huîtres au curry
(4 portions)

45 ml	beurre	3 c. à s.
I	oignon, épluché et haché finement	I
½	branche de céleri, coupée en petits dés	½
15 ml	poudre de curry	I c. à s.
5 ml	persil frais haché	I c. à t.
I ml	thym	¼ c. à t.
125 ml	chapelure blanche	½ tasse
500 ml	lait, chaud	2 tasses
36	huîtres, écaillées	36
45 ml	vin blanc sec	3 c. à s.
125 ml	crème à 35 % (facultatif)	½ tasse
	sel et poivre	
	poivre de Cayenne et paprika, au goût	
	ciboulette fraîche hachée	

1 Faire chauffer le beurre dans une casserole, à feu moyen. Ajouter l'oignon et le céleri; couvrir et faire cuire 4 minutes à feu doux.

2 Incorporer le curry, le persil et le thym. Couvrir et poursuivre la cuisson 6 minutes à feu doux.

3 Ajouter la chapelure, puis le lait. Bien mélanger. Assaisonner de sel, de poivre, de poivre de Cayenne et de paprika. Faire cuire à découvert 10 minutes, à feu doux.

4 Mettre dans une autre casserole le vin et le jus contenu dans les écailles d'huîtres. Faire frémir à feu doux. Y faire pocher les huîtres 3 à 4 minutes. Leur contour frisera lorsqu'elles seront cuites.

5 Retirer les huîtres cuites et réserver. Filtrer le liquide de cuisson à travers une passoire. Réserver.

6 Passer la préparation au lait au moulin à légumes et la mettre dans une autre casserole. Incorporer le liquide des huîtres, mélanger et faire cuire 2 minutes.

7 Ajouter les huîtres et laisser mijoter 2 minutes. Ajouter la crème, si désiré, parsemer de ciboulette et servir.

Crème de navets
(4 à 6 portions)

45 ml	beurre	3 c. à s.
1	oignon, épluché et tranché	1
1	gousse d'ail, épluchée et tranchée	1
1	petit navet, épluché et tranché	1
4	pommes de terre, épluchées et tranchées	4
5 ml	basilic	1 c. à t.
5 ml	estragon	1 c. à t.
1 ml	thym	¼ c. à t.
1,5 litre	bouillon de poulet, chaud	6 tasses
50 ml	crème à 35 % (facultatif)	¼ tasse
	sel et poivre	

1 Faire chauffer le beurre dans une casserole, à feu moyen. Ajouter l'oignon et l'ail; faire cuire 4 minutes à feu doux.

2 Ajouter le navet, les pommes de terre, le sel et le poivre; bien mélanger. Ajouter le reste des assaisonnements et mouiller avec le bouillon de poulet; amener à ébullition. Faire cuire à découvert 30 minutes, à feu doux.

3 Passer la soupe au moulin à légumes ou réduire en purée au robot culinaire. Incorporer la crème, si désiré, et servir.

Soupe de poulet à l'européenne
(4 à 6 portions)

BOUILLON:

2 kg	poulet, paré	4 lb
4 litres	eau	16 tasses
1	blanc de poireau, lavé et coupé en trois	1
1	oignon, coupé en deux	1
2	branches de céleri, hachées	2
1	brin de thym frais	1
2	brins de persil frais	2
2	feuilles de laurier	2
5 ml	marjolaine	1 c. à t.
	sel et poivre	

1 Mettre tous les ingrédients dans une grande casserole. Amener à ébullition et faire cuire 90 minutes à feu doux.

2 Retirer le poulet et laisser le liquide dans la casserole. Jeter la peau du poulet et détailler la chair en dés. Réserver.

3 Remettre la carcasse du poulet dans le liquide. Faire cuire 1 heure à feu doux. Filtrer le liquide à travers une passoire tapissée d'une mousseline. Réserver le bouillon de poulet.

SOUPE:

2	blancs de poireaux	2
50 ml	beurre	¼ tasse
1	oignon, épluché et haché	1
50 ml	farine	¼ tasse
	sel et poivre	

1 Fendre les poireaux en quatre jusqu'à 2,5 cm (1 po) de la base. Bien les laver et les trancher.

2 Faire chauffer le beurre dans une casserole, à feu moyen. Ajouter les poireaux et l'oignon; couvrir et faire cuire 12 minutes à feu doux.

3 Saupoudrer de farine et bien mélanger. Incorporer 1 litre (4 tasses) de bouillon de poulet. Bien mélanger et assaisonner au goût. Faire cuire 20 minutes à feu doux.

4 Passer la soupe au moulin à légumes, puis la mettre dans une autre casserole. Ajouter le poulet en dés et laisser mijoter 5 minutes avant de servir.

Potage Soubise
(4 à 6 portions)

450 g	oignons verts	1 lb
75 ml	beurre	5 c. à s.
2 ml	sucre	½ c. à t.
75 ml	farine	5 c. à s.
1 litre	bouillon au choix, chaud	4 tasses
50 ml	crème à 35 %	¼ tasse
	sel et poivre	
	poivre de Cayenne, au goût	
	cerfeuil frais	

1 Couper et jeter l'extrémité verte des oignons. Mettre les oignons entiers dans une casserole remplie d'eau bouillante salée et faire cuire 20 minutes à feu moyen. Bien égoutter.

2 Faire chauffer le beurre dans une casserole, à feu moyen. Ajouter les oignons cuits et le sucre. Couvrir et faire cuire 12 minutes à feu doux.

3 Saupoudrer de farine et bien mélanger. Faire cuire 1 minute à feu doux. Incorporer le bouillon et bien assaisonner. Faire cuire 18 minutes à feu doux.

4 Passer la soupe au moulin à légumes. Incorporer la crème et le cerfeuil. Servir.

Soupe lyonnaise gratinée
(6 portions)

BOUILLON:

1 kg	os de veau, coupés en deux	2 lb
1 kg	os de poulet, lavés	2 lb
2,5 litres	eau	10 tasses
1	poireau, lavé et coupé en deux	1
2	carottes, pelées et coupées en deux	2
1	branche de céleri, coupée en deux	1
2	oignons, coupés en deux	2
1	piment banane rouge, coupé en deux	1
1	brin de thym frais	1
2	brins de persil frais	2
125 ml	feuilles de basilic frais	½ tasse
2	feuilles de laurier	2
15	grains de poivre noir	15
2	clous de girofle	2
	sel et poivre	

1 Mettre les os dans une grande casserole et ajouter l'eau. Amener à ébullition et faire cuire 10 minutes; écumer.

2 Ajouter le reste des ingrédients. Faire cuire 1½ heure à feu doux. Filtrer le liquide à travers une passoire tapissée d'une mousseline. Réserver.

SOUPE:

45 ml	beurre	3 c. à s.
2	oignons espagnols, épluchés et tranchés finement	2
5 ml	sucre	1 c. à t.
6	tranches de pain épaisses	6
375 ml	gruyère râpé	1½ tasse
	sel et poivre	

1 Faire chauffer le beurre dans une poêle, à feu moyen. Ajouter les oignons, couvrir et faire cuire 15 minutes à feu doux. Retirer le couvercle et poursuivre la cuisson 30 minutes à feu doux. Remuer souvent pour éviter que la soupe ne brûle.

2 Saupoudrer de sucre, mélanger et faire cuire 3 minutes.

3 Mouiller avec 1,5 litre (6 tasses) de bouillon et bien assaisonner. Si la soupe est trop épaisse, ajouter du bouillon jusqu'à l'obtention de la consistance désirée. Laisser mijoter plusieurs minutes.

4 Faire légèrement griller les tranches de pain sur les deux faces. Servir la soupe dans des bols allant au four, garnir de pain, puis de fromage râpé.

5 Faire gratiner au four à gril, 5 minutes. Servir.

Soupe aux légumes gratinée

(4 portions)

30 ml	beurre	2 c. à s.
1	oignon, épluché et tranché finement	1
1	laitue Boston, lavée et ciselée	1
15 ml	persil frais haché	1 c. à s.
15 ml	basilic frais haché	1 c. à s.
500 ml	petits pois surgelés	2 tasses
1,25 litre	bouillon de poulet, chaud	5 tasses
4	tranches de pain français, aux dimensions des bols à soupe	4
250 ml	gruyère râpé	1 tasse
	sel et poivre	

1 Faire chauffer le beurre dans une casserole, à feu moyen. Ajouter l'oignon, couvrir et faire cuire 2 minutes à feu doux. Ajouter la laitue et les assaisonnements. Couvrir et poursuivre la cuisson 8 minutes.

2 Ajouter les petits pois et mouiller avec le bouillon de poulet. Bien assaisonner et faire cuire à découvert 10 minutes, à feu moyen.

3 Verser la soupe dans des bols allant au four et garnir d'une tranche de pain. Parsemer de fromage râpé et faire gratiner au four 6 minutes ou jusqu'à ce que le fromage soit doré. Servir.

Soupe crémeuse aux tomates et à l'estragon
(4 à 6 portions)

75 ml	beurre	5 c. à s.
60 ml	farine	4 c. à s.
1 litre	lait, chaud	4 tasses
4	tomates, pelées, épépinées et coupées en dés	4
½	branche de céleri, coupée en dés	½
2	échalotes sèches, épluchées et hachées	2
5 ml	sucre	1 c. à t.
30 ml	estragon frais haché	2 c. à s.
	sel et poivre	

1 Faire chauffer 60 ml (4 c. à s.) de beurre dans une casserole, à feu moyen. Saupoudrer de farine et bien mélanger. Faire cuire 1 minute.

2 À l'aide d'un fouet, incorporer le lait. Assaisonner et faire cuire 12 minutes à feu doux. Remuer souvent pendant la cuisson.

3 Faire chauffer le beurre dans une autre casserole, à feu moyen. Ajouter les tomates, le céleri, les échalotes sèches, le sucre et l'estragon. Bien assaisonner et faire cuire 8 minutes à feu vif.

4 Au robot culinaire, réduire en purée le mélange aux légumes.

5 À l'aide d'un fouet, incorporer la purée de légumes au lait, dans la casserole. Faire cuire la soupe 6 minutes à feu doux. Servir.

Soupe aux tomates, aux champignons et aux courgettes

(4 à 6 portions)

45 ml	beurre	3 c. à s.
2	grosses pommes de terre, épluchées et coupées en julienne	2
2	courgettes, coupées en julienne	2
225 g	champignons frais, nettoyés et tranchés	½ lb
3	tomates, pelées, épépinées et hachées	3
3	oignons verts, hachés	3
15 ml	basilic frais haché	1 c. à s.
1,5 litre	bouillon de poulet, chaud	6 tasses
20 ml	crème sure	4 c. à t.
	sel et poivre	
	poivre de Cayenne, au goût	

1 Faire chauffer le beurre dans une casserole, à feu moyen. Ajouter les pommes de terre et les courgettes; bien assaisonner. Couvrir et faire cuire 6 minutes.

2 Ajouter le reste des légumes et tous les assaisonnements. Couvrir et poursuivre la cuisson 8 minutes.

3 Mouiller avec le bouillon de poulet et faire cuire à découvert 4 minutes, à feu doux.

4 Servir avec la crème sure.

Soupe aux pistaches
(4 portions)

60 ml	beurre	4 c. à s.
75 ml	farine	5 c. à s.
1 litre	bouillon de poulet, chaud	4 tasses
250 ml	pistaches	1 tasse
50 ml	beurre	¼ tasse
50 ml	crème à 35 %	¼ tasse
15 ml	ciboulette fraîche hachée	1 c. à s.
	sel et poivre	
	poivre de Cayenne, au goût	

1 Faire chauffer 60 ml (4 c. à s.) de beurre dans une casserole, à feu moyen. Saupoudrer de farine et bien mélanger. Faire cuire 1 minute à feu doux.

2 À l'aide d'un fouet, incorporer le bouillon de poulet et bien assaisonner. Faire cuire 20 minutes à feu doux.

3 Réduire les pistaches en purée avec 50 ml (¼ tasse) de beurre. Les incorporer à la soupe, puis ajouter la crème. Mélanger et faire mijoter 5 minutes à feu très doux.

4 Parsemer de ciboulette et servir.

Chaudrée aux pommes de terre et aux crevettes
(4 à 6 portions)

500 ml	jus de palourde	2 tasses
500 ml	eau	2 tasses
2	brins de persil frais	2
1	brin de thym frais	1
2 ml	graines de fenouil	½ c. à t.
2 ml	estragon	½ c. à t.
450 g	crevettes fraîches, décortiquées et déveinées	1 lb
2	carottes, pelées et coupées en dés	2
3	pommes de terre moyennes, épluchées et coupées en dés	3
60 ml	beurre	4 c. à s.
60 ml	farine	4 c. à s.
1	pincée de poivre de Cayenne	1
	sel et poivre	

1 Verser le jus de palourde et l'eau dans une casserole. Envelopper tous les assaisonnements dans une mousseline nouée avec une ficelle et mettre dans la casserole.

2 Ajouter les crevettes et les légumes. Amener lentement à ébullition. Retirer les crevettes cuites et réserver.

3 Poursuivre la cuisson des légumes 12 minutes ou jusqu'à ce qu'ils soient cuits. Saler et poivrer. Filtrer le liquide de cuisson; réserver le bouillon et les légumes séparément.

4 Faire chauffer le beurre dans une casserole, à feu moyen. Saupoudrer de farine et bien mélanger. Faire cuire 1 minute.

5 À l'aide d'un fouet, incorporer le liquide de cuisson filtré. Poursuivre la cuisson 6 minutes à feu doux.

6 Ajouter à la soupe les crevettes et les légumes. Faire réchauffer 1 à 2 minutes à feu doux. Parsemer de persil haché et de fenouil frais avant de servir, si désiré.

Potage Crécy
(4 à 6 portions)

90 ml	beurre	6 c. à s.
450 g	carottes, tranchées finement	1 lb
2	échalotes sèches, épluchées et tranchées	2
15 ml	cerfeuil frais haché	1 c. à s.
2 ml	sucre	½ c. à t.
1,25 litre	bouillon de poulet, chaud	5 tasses
125 ml	riz, rincé	½ tasse
	sel et poivre	

1 Faire chauffer 60 ml (4 c. à s.) de beurre dans une casserole, à feu moyen. Ajouter les carottes, les échalotes sèches et le cerfeuil. Couvrir et poursuivre la cuisson 12 minutes à feu doux.

2 Incorporer le sucre et faire cuire 5 minutes, à découvert.

3 Bien assaisonner et mouiller avec le bouillon de poulet. Ajouter le riz et faire cuire la soupe 20 minutes à feu moyen.

4 Passer la soupe au moulin à légumes ou réduire en purée au mélangeur. Incorporer le reste du beurre et servir.

Faire chauffer 60 ml (4 c. à s.) de beurre dans une casserole, à feu moyen. Ajouter les carottes, les échalotes sèches et le cerfeuil. Couvrir et poursuivre la cuisson 12 minutes à feu doux.

Incorporer le sucre et faire cuire 5 minutes, à découvert.

Bien assaisonner et mouiller avec le bouillon de poulet. Ajouter le riz et faire cuire la soupe 20 minutes à feu moyen.

Passer la soupe au moulin à légumes ou réduire en purée au mélangeur. Incorporer le reste du beurre et servir.

Velouté aux huîtres
(4 à 6 portions)

75 ml	beurre	⅓ tasse
1	échalote sèche, épluchée et hachée	1
225 g	champignons frais, nettoyés et tranchés	½ lb
60 ml	farine	4 c. à s.
500 ml	jus de palourde	2 tasses
375 ml	eau	1½ tasse
125 ml	vin blanc sec	½ tasse
24	huîtres fraîches, écaillées	24
125 ml	crème à 35 %	½ tasse
1	pincée de paprika	1
	sel et poivre	
	poivre de Cayenne, au goût	
	ciboulette fraîche hachée	

1 Faire chauffer le beurre dans une casserole, à feu moyen. Ajouter l'échalote sèche et les champignons. Assaisonner et faire cuire 5 minutes.

2 Saupoudrer de farine et bien mélanger. Faire cuire 2 minutes.

3 Mouiller avec le jus de palourde et l'eau; bien assaisonner. Faire cuire 8 minutes à feu doux. Ajouter le poivre de Cayenne et le paprika.

4 Dans une autre casserole, à feu moyen, verser le vin. Amener à ébullition et faire cuire 2 minutes. Ajouter les huîtres et baisser le feu à doux; faire pocher 2 minutes.

5 Retirer les huîtres et réserver. Poursuivre la cuisson du liquide 3 minutes.

6 À l'aide d'un fouet, incorporer le liquide à la sauce veloutée. Y mélanger la crème et ajouter les huîtres. Laisser mijoter 2 minutes à feu doux.

7 Garnir de ciboulette fraîche hachée et servir.

Soupe aux lentilles et aux saucisses de Francfort
(4 à 6 portions)

375 ml	lentilles sèches, rincées	1 ½ tasse
30 ml	beurre	2 c. à s.
1	oignon, épluché et haché	1
1	branche de céleri, coupée en dés	1
1	carotte, pelée et coupée en dés	1
2	gousses d'ail, épluchées et tranchées	2
1,5 litre	bouillon de bœuf, chaud	6 tasses
2	pommes de terre, épluchées et râpées	2
4	saucisses de Francfort, tranchées	4
	sel et poivre	
	poivre de Cayenne, au goût	

1 Mettre les lentilles dans une casserole et les couvrir d'eau froide. Amener à ébullition et faire cuire 5 minutes; égoutter.

2 Faire chauffer le beurre dans une grande casserole, à feu moyen. Ajouter les légumes et l'ail; faire cuire 4 minutes à feu doux.

3 Ajouter les lentilles et bien assaisonner. Mouiller avec le bouillon de bœuf et amener à ébullition. Baisser le feu à doux et faire cuire la soupe 75 minutes. Ajouter de l'eau, si nécessaire, pour maintenir les lentilles immergées.

4 Ajouter les pommes de terre et les saucisses. Poursuivre la cuisson 12 minutes. Si la soupe est trop épaisse, ajouter du bouillon jusqu'à l'obtention de la consistance désirée.

Crème de céleri
(4 à 6 portions)

5	branches de céleri, coupées en dés	5
1	oignon, épluché et haché	1
1	brin de thym frais	1
2	brins de persil frais	2
3	feuilles de basilic frais	3
1	feuille de laurier	1
1,5 litre	eau	6 tasses
75 ml	beurre	5 c. à s.
2	branches de cœur de céleri	2
75 ml	farine	5 c. à s.
50 ml	crème à 35 % (facultatif)	¼ tasse
	sel et poivre	

1 Mettre le céleri, l'oignon et les assaisonnements dans une casserole. Ajouter l'eau et amener à ébullition. Faire cuire 1 heure à feu doux. Filtrer le liquide à travers une passoire tapissée d'une mousseline. Réserver.

2 Faire chauffer le beurre dans une casserole, à feu moyen. Détailler en dés les branches de cœur de céleri et les mettre dans la casserole. Faire cuire 8 minutes à feu doux. Saupoudrer de farine et bien mélanger. Faire cuire 1 minute.

3 Incorporer le bouillon de céleri et bien mélanger. Rectifier l'assaisonnement et faire cuire 20 minutes à feu doux. Incorporer la crème, si désiré, et servir.

Chaudrée aux moules
(4 portions)

2 kg	moules, nettoyées et grattées	4½ lb
4	échalotes sèches, épluchées et hachées finement	4
15 ml	persil frais haché	1 c. à s.
60 ml	beurre	4 c. à s.
1	brin de thym frais	1
250 ml	vin blanc sec	1 tasse
500 ml	jus de palourde, chaud	2 tasses
45 ml	farine	3 c. à s.
250 ml	crème à 15 %, chaude	1 tasse
1	pincée de paprika	1
	sel et poivre	

1 Mettre les moules, les échalotes sèches et 15 ml (1 c. à s.) de beurre dans une grande casserole. Ajouter le thym et le vin. Couvrir et faire cuire 6 minutes à feu moyen, ou jusqu'à ce que les moules s'ouvrent.

2 Retirer les moules, jeter celles qui sont restées fermées.

3 Filtrer le liquide de cuisson des moules et le remettre dans la casserole. Ajouter le jus de palourde et faire cuire 6 minutes à feu moyen.

4 Faire chauffer le reste du beurre dans une casserole, à feu moyen. Saupoudrer de farine et bien mélanger. Faire cuire 1 minute à feu doux.

5 Incorporer le liquide de cuisson réduit. Bien mélanger à l'aide d'un fouet. Faire cuire la sauce 6 minutes à feu doux. Incorporer la crème, mélanger et bien assaisonner.

6 Écailler les moules et les ajouter à la soupe. Laisser mijoter à peine pour réchauffer, puis servir avec une pincée de paprika.

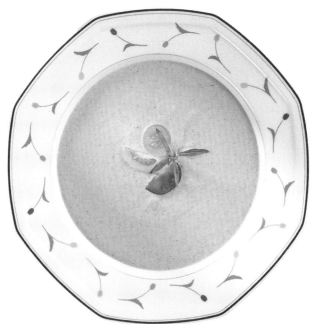

Potage à l'oseille
(4 à 6 portions)

350 g	oseille fraîche	¾ lb
60 ml	beurre	4 c. à s.
1	oignon, épluché et tranché	1
75 ml	farine	5 c. à s.
1,2 litre	bouillon de poulet, chaud	5 tasses
125 ml	crème à 35 % (facultatif)	½ tasse
	sel et poivre	
	poivre de Cayenne, au goût	

1 Retirer les tiges d'oseille. Bien laver les feuilles à l'eau froide, plusieurs fois si nécessaire. Bien égoutter et hacher.

2 Faire chauffer le beurre dans une grande casserole, à feu moyen. Ajouter l'oignon, couvrir et faire cuire 3 minutes à feu doux.

3 Ajouter l'oseille et bien assaisonner de sel, de poivre et de poivre de Cayenne. Couvrir et faire cuire 10 minutes à feu doux.

4 Saupoudrer de farine et bien mélanger. Incorporer le bouillon de poulet et rectifier l'assaisonnement. Amener à ébullition et faire cuire 30 minutes à feu doux.

5 Passer au moulin à légumes ou réduire en purée au robot culinaire. Incorporer la crème, si désiré, et servir.

Soupe éclair aux tomates
(4 portions)

30 ml	beurre	2 c. à s.
½	oignon, épluché et haché finement	½
1	gousse d'ail, épluchée, écrasée et hachée	1
5	tomates, pelées, épépinées et hachées	5
15 ml	basilic frais haché	1 c. à s.
45 ml	farine	3 c. à s.
500 ml	bouillon de poulet, chaud	2 tasses
2 ml	sucre	½ c. à t.
	sel et poivre	

1 Faire chauffer le beurre dans une casserole, à feu moyen. Ajouter l'oignon, couvrir et faire cuire 4 minutes à feu doux.

2 Ajouter l'ail, les tomates, le basilic et bien assaisonner. Faire cuire à découvert 5 minutes, à feu vif.

3 Saupoudrer de farine et bien mélanger. Faire cuire 1 minute à feu doux. Incorporer le bouillon et amener à ébullition. Ajouter le sucre et faire cuire 12 minutes à feu doux.

4 Réduire en purée au robot culinaire, jusqu'à l'obtention de la consistance désirée. Ajouter du liquide si nécessaire. Servir avec des petits pains croustillants.

Soupe aux lentilles et aux tomates

(4 à 6 portions)

15 ml	huile d'olive	I c. à s.
2	petites côtelettes de porc fumé, coupées en dés	2
I	oignon, épluché et coupé en dés	I
½	branche de céleri, coupée en dés	½
I	gousse d'ail, épluchée, écrasée et hachée	I
3	tomates, pelées, épépinées et hachées	3
375 ml	lentilles sèches, rincées	I ½ tasse
1,5 litre	bouillon de poulet, chaud	6 tasses
2	brins de persil frais	2
I	feuille de laurier	I
I ml	thym	¼ c. à t.
15 ml	basilic frais haché	I c. à s.
2 ml	marjolaine	½ c. à t.
	sel et poivre	

1 Faire chauffer l'huile dans une casserole, à feu moyen. Ajouter le porc, l'oignon, le céleri et l'ail. Faire cuire 4 minutes à feu doux.

2 Ajouter les tomates, bien assaisonner et poursuivre la cuisson 4 minutes.

3 Incorporer les lentilles et le bouillon de poulet.

4 Envelopper tous les assaisonnements dans une mousseline nouée avec une ficelle. Ajouter à la soupe.

5 Amener à ébullition et faire cuire 1½ heure à feu doux. Ajouter du liquide si nécessaire, pour maintenir les lentilles immergées.

6 Servir avec des croûtons, si désiré.

Faire chauffer l'huile dans une casserole, à feu moyen. Ajouter le porc, l'oignon, le céleri et l'ail. Faire cuire 4 minutes à feu doux.

Ajouter les tomates, bien assaisonner et poursuivre la cuisson 4 minutes.

Incorporer les lentilles et le bouillon de poulet.

Envelopper tous les assaisonnements dans une mousseline nouée avec une ficelle. Ajouter à la soupe.

Potage à la duxelles

(4 à 6 portions)

50 ml	beurre	¼ tasse
3	échalotes sèches, épluchées et hachées	3
I	gousse d'ail, épluchée et tranchée	I
450 g	champignons frais, nettoyés et hachés	I lb
60 ml	farine	4 c. à s.
I litre	bouillon de poulet, chaud	4 tasses
125 ml	crème à 35 % (facultatif)	½ tasse
	quelques gouttes de jus de citron	
	sel et poivre	
	poivre de Cayenne et paprika, au goût	

1 Faire chauffer le beurre dans une casserole, à feu moyen. Ajouter les échalotes sèches et l'ail; couvrir et faire cuire 3 minutes à feu doux.

2 Ajouter les champignons et le jus de citron. Couvrir et poursuivre la cuisson 12 minutes à feu doux.

3 Saupoudrer de farine et bien mélanger. Faire cuire I minute à découvert.

4 Mouiller avec le bouillon de poulet et bien mélanger. Assaisonner de sel, de poivre, de poivre de Cayenne et de paprika. Faire cuire la soupe à découvert, 20 minutes à feu doux.

5 Passer la soupe au moulin à légumes et la verser dans une autre casserole. Incorporer la crème, si désiré, et laisser mijoter 4 minutes. Servir.

Soupe froide aux légumes
(4 à 6 portions)

3	tomates, pelées, épépinées et hachées	3
1	concombre, pelé, épépiné et tranché	1
1	poivron jaune, tranché	1
1	poivron rouge, tranché	1
2	oignons verts, tranchés	2
1	gousse d'ail, épluchée et tranchée	1
2	pommes, évidées, pelées et tranchées	2
15 ml	pâte de tomates	1 c. à s.
1 ml	thym	¼ c. à t.
30 ml	estragon frais haché	2 c. à s.
30 ml	huile d'olive	2 c. à s.
1 litre	bouillon de poulet	4 tasses
	sel et poivre	

1 Au robot culinaire, mélanger les légumes, l'ail et les pommes.

2 Verser le mélange dans un bol et incorporer le reste des ingrédients. Bien mélanger et rectifier l'assaisonnement.

3 Faire refroidir au moins 3 heures ou jusqu'au lendemain. Servir la soupe froide.

Crème de céleri-rave
(4 à 6 portions)

450 g	céleri-rave, pelé et détaillé en fine julienne	1 lb
30 ml	beurre	2 c. à s.
1	oignon, épluché et tranché	1
30 ml	basilic frais haché	2 c. à s.
3	grosses pommes de terre, épluchées et tranchées	3
1,125 litre	bouillon de poulet, chaud	4½ tasses
50 ml	crème à 35 %	¼ tasse
	sel et poivre	
	pain à l'ail	

1 Faire cuire le céleri-rave dans de l'eau bouillante salée 12 minutes. Bien égoutter.

2 Faire chauffer le beurre dans une casserole, à feu moyen. Ajouter le céleri-rave et l'oignon. Couvrir et faire cuire 8 minutes, à feu doux.

3 Ajouter le basilic, les pommes de terre et le bouillon de poulet. Bien assaisonner et amener à ébullition. Faire cuire à découvert 30 minutes, à feu doux.

4 Passer la soupe au moulin à légumes et la verser dans un bol. Incorporer la crème et servir avec du pain à l'ail.

Soupe au bœuf et aux légumes

(6 à 8 portions)

1,5 kg	palette de bœuf désossée	3 lb
2,5 litres	eau	10 tasses
4	blancs de poireaux	4
2	branches de céleri, coupées en deux	2
8	oignons verts	8
4	carottes, pelées	4
4	pommes de terre, épluchées	4
1	navet, pelé et coupé en quatre	1
1	chou, coupé en quatre	1
1	gousse d'ail	
	fines herbes fraîches (thym, persil, romarin, estragon, etc.)	
	sel et poivre	

1 Mettre la viande dans une grande casserole et ajouter l'eau. Amener à ébullition et faire cuire 10 minutes; écumer.

2 Fendre les poireaux en quatre jusqu'à 2,5 cm (1 po) de la base. Bien les laver à l'eau froide et les nouer ensemble.

3 Nouer séparément les branches de céleri et les oignons verts. Ajouter à la soupe avec les poireaux. Ajouter le reste des légumes et l'ail.

4 Envelopper les fines herbes dans une mousseline nouée avec une ficelle. Ajouter à la soupe. Bien saler et poivrer.

5 Faire cuire la soupe 3 heures, à feu doux. Retirer les légumes dès qu'ils sont cuits. Couvrir les légumes cuits d'un peu de liquide de cuisson pour les garder au chaud.

6 Lorsque la viande est cuite, la détailler en morceaux et la répartir entre les bols. Ajouter les légumes et couvrir de bouillon.

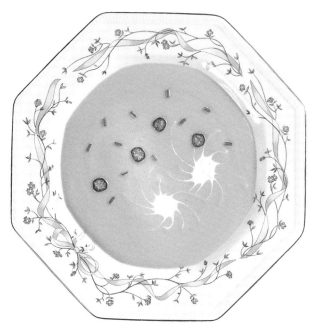

Soupe froide aux pois cassés

(6 à 8 portions)

375 ml	pois cassés verts	1 ½ tasse
2 litres	eau	8 tasses
1	oignon, épluché et haché	1
1	branche de céleri, coupée en dés	1
1	carotte, pelée et tranchée	1
1	gousse d'ail, épluchée	1
250 ml	crème à 35 %	1 tasse
	sel et poivre fraîchement moulu	
	poivre de Cayenne, au goût	
	ciboulette fraîche hachée	

1 Faire tremper les pois cassés dans de l'eau froide pendant 8 heures. Bien égoutter.

2 Mettre les pois cassés et l'eau dans une grande casserole. Amener à ébullition et faire cuire 3 minutes; écumer.

3 Ajouter les légumes et l'ail et bien assaisonner. Amener à ébullition et faire cuire la soupe, partiellement couverte, 40 minutes à feu doux. Ajouter de l'eau si nécessaire pour maintenir les pois cassés immergés.

4 Passer la soupe au moulin à légumes ou la réduire en purée au robot culinaire. Incorporer la crème et réfrigérer 4 heures avant de servir. Parsemer les portions de ciboulette hachée juste avant de servir.

Soupe aux lentilles et au jambon fumé
(4 à 6 portions)

375 ml	lentilles sèches	1½ tasse
1	oignon, épluché et haché	1
1	carotte, pelée et coupée en dés	1
½	branche de céleri, coupée en dés	½
175 g	jambon fumé, coupé en dés	6 oz
2	gousses d'ail, épluchées	2
2	brins de persil frais	2
1	brin de thym frais	1
5 ml	basilic	1 c. à t.
5 ml	marjolaine	1 c. à t.
1	feuille de laurier	1
12	grains de poivre noir	12
5 ml	romarin	1 c. à t.
30 ml	beurre	2 c. à s.
375 ml	bouillon de poulet, chaud	1½ tasse
	sel et poivre	

1 Mettre les lentilles dans une casserole et les couvrir d'eau. Amener à ébullition et faire cuire 5 minutes. Égoutter.

2 Remettre les lentilles dans la casserole, ajouter les légumes et le jambon. Envelopper tous les assaisonnements dans une mousseline nouée avec une ficelle. Mettre dans la casserole et couvrir d'eau. Amener à ébullition.

3 Faire cuire la soupe, partiellement couverte, 1½ heure à feu doux. Ajouter de l'eau si nécessaire, pour maintenir les ingrédients immergés.

4 Lorsque les lentilles sont cuites, incorporer le beurre. Mouiller avec le bouillon de poulet pour obtenir la consistance désirée. Servir avec du pain frais.

Crème de poireaux
(4 portions)

2	gros blancs de poireaux	2
75 ml	beurre	5 c. à s.
2	grosses échalotes sèches, épluchées et tranchées	2
2 ml	feuilles de laurier émiettées	½ c. à t.
5 ml	basilic	I c. à t.
I ml	thym	¼ c. à t.
75 ml	farine	⅓ tasse
1,25 litre	lait, chaud	5 tasses
	sel et poivre fraîchement moulu	
	poivre de Cayenne, au goût	
	ciboulette fraîche hachée	

1 Fendre les poireaux en quatre, jusqu'à 2,5 cm (I po) de la base. Bien les laver à l'eau froide. Bien les égoutter, puis les trancher.

2 Faire chauffer le beurre dans une casserole, à feu moyen. Ajouter les poireaux, les échalotes et les fines herbes, sauf la ciboulette. Bien mélanger, couvrir et faire cuire 20 minutes à feu doux.

3 Saupoudrer de farine et bien mélanger. Faire cuire I minute, à découvert. Incorporer le lait et assaisonner de sel, de poivre et de poivre de Cayenne. Faire cuire 20 minutes à feu doux. Remuer 2 à 3 fois pendant la cuisson.

4 Passer la soupe au mélangeur. Servir avec de la ciboulette hachée et des croûtons, si désiré.

Soupe aux dolics
(4 à 6 portions)

375 ml	dolics secs	1 ½ tasse
1	oignon, épluché et haché	1
1	carotte, pelée et coupée en dés	1
½	branche de céleri, coupée en dés	½
2	brins de persil frais	2
1 ml	thym	¼ c. à t.
5 ml	basilic	1 c. à t.
2 ml	marjolaine	½ c. à t.
1	feuille de laurier	1
5 ml	cerfeuil	1 c. à t.
12	grains de poivre	12
500 ml	bouillon de poulet, chaud	2 tasses
	sel et poivre	
	poivre de Cayenne, au goût	

1 Faire tremper les dolics dans de l'eau froide pendant 8 heures. Égoutter.

2 Mettre les dolics dans une casserole et couvrir d'eau froide. Amener à ébullition et faire cuire 5 minutes; écumer et égoutter.

3 Remettre les dolics dans la casserole et couvrir d'eau. Ajouter les légumes. Envelopper tous les assaisonnements dans une mousseline nouée avec une ficelle. Mettre dans la casserole. Amener à ébullition.

4 Faire cuire les dolics à feu doux, partiellement couverts, 2½ à 3 heures. Ajouter de l'eau si nécessaire pour maintenir les ingrédients immergés.

5 Lorsque les dolics sont cuits, passer la soupe au moulin à légumes ou réduire en purée au mélangeur. Ajouter du bouillon de poulet pour obtenir la consistance désirée. Servir.

Chaudrée de palourdes Manhattan
(4 à 6 portions)

40	palourdes fraîches, grattées	40
500 ml	eau	2 tasses
45 ml	beurre	3 c. à s.
1	oignon, épluché et haché finement	1
1	branche de céleri, coupée en dés	1
1	poivron jaune, coupé en dés	1
1	poivron vert, coupé en dés	1
1	blanc de poireau lavé et tranché	1
3	tomates, pelées, épépinées et hachées	3
2	gousses d'ail, épluchées, écrasées et hachées	2
2	grosses pommes de terre, épluchées et coupées en dés	2
500 ml	jus de palourde	2 tasses
	fines herbes fraîches (thym, persil, romarin, estragon, etc.)	
	sel et poivre	
	quelques gouttes de tabasco	

1 Mettre les palourdes et l'eau dans une casserole. Couvrir et faire cuire 6 minutes ou jusqu'à ce qu'elles soient ouvertes. Jeter toutes celles qui sont restées fermées. Remuer une ou deux fois pendant la cuisson.

2 Retirer les palourdes et les écailler. Réserver. Filtrer le liquide de cuisson et réserver.

3 Faire chauffer le beurre dans une casserole, à feu moyen. Ajouter l'oignon, le céleri, les poivrons et le poireau. Assaisonner et faire cuire 8 minutes.

4 Ajouter les tomates et l'ail. Monter le feu à vif et faire cuire 4 minutes. Incorporer les pommes de terre, le jus de cuisson réservé et celui des palourdes. Saler et poivrer.

5 Envelopper les fines herbes dans une mousseline nouée avec une ficelle. Mettre dans la casserole. Faire cuire la soupe à découvert 30 minutes, à feu doux.

6 Hacher les palourdes. Les ajouter à la soupe, assaisonner d'un peu de tabasco, laisser mijoter 3 minutes et servir.

Potage au brocoli
(4 à 6 portions)

3	petits brocolis	3
60 ml	beurre	4 c. à s.
I	oignon, épluché et tranché finement	I
I	échalote sèche, épluchée et tranchée finement	I
60 ml	farine	4 c. à s.
1,25 litre	bouillon de poulet, chaud	5 tasses
I	brin de persil frais	I
I ml	thym	¼ c. à t.
I	feuille de laurier	I
5 ml	basilic	I c. à t.
250 ml	lait, chaud	I tasse
	sel et poivre	

1 Détailler les brocolis en bouquets; faire tremper 15 minutes dans de l'eau froide. Égoutter et assécher.

2 Faire chauffer le beurre dans une casserole, à feu moyen. Ajouter l'oignon et l'échalote; faire cuire 3 minutes.

3 Ajouter le brocoli et bien assaisonner. Couvrir et faire cuire 12 minutes à feu doux.

4 Saupoudrer de farine et bien mélanger. Faire cuire à découvert, I minute.

5 Mouiller avec le bouillon de poulet et ajouter tous les assaisonnements. Faire cuire à découvert 30 minutes, à feu doux.

6 Passer la soupe au moulin à légumes ou réduire en purée au robot culinaire. Remettre dans la casserole et incorporer le lait. Faire cuire 2 minutes à feu vif.

7 Pour servir, garnir de tranches de tomate et de basilic frais haché, si désiré.

Minestrone
(6 à 8 portions)

30 ml	huile d'olive	2 c. à s.
1	branche de céleri, coupée en dés	1
1	blanc de poireau, lavé et tranché	1
1	oignon, épluché et coupé en dés	1
2	carottes, pelées et coupées en dés	2
¼	chou, tranché	¼
2	gousses d'ail, épluchées	2
3	tomates, pelées, épépinées et hachées	3
30 ml	pâte de tomates	2 c. à s.
1,5 litre	bouillon de bœuf (voir p. 12)	6 tasses
125 ml	petits pois surgelés	½ tasse
250 ml	spaghettis coupés en petits morceaux	1 tasse
	sel et poivre fraîchement moulu	
	parmesan râpé	

1 Faire chauffer l'huile dans une grande casserole, à feu moyen. Ajouter le céleri, le poireau, l'oignon, les carottes et le chou. Bien assaisonner. Couvrir et faire cuire 10 minutes à feu doux.

2 Ajouter l'ail et les tomates. Faire cuire à découvert, 4 minutes.

3 Mélanger la pâte de tomates et le bouillon de bœuf. Bien assaisonner et faire cuire la soupe à découvert 1 heure, à feu doux.

4 Incorporer les petits pois et les spaghettis. Poursuivre la cuisson 15 minutes. Poivrer et servir avec du parmesan râpé.

Crème de cerfeuil
(4 portions)

75 ml	beurre	5 c. à s.
2	gros bouquets de cerfeuil, lavé et haché	2
75 ml	farine	5 c. à s.
1,25 litre	bouillon de poulet, chaud	5 tasses
125 ml	crème à 35 %	½ tasse
	sel et poivre fraîchement moulu	

1 Faire chauffer le beurre dans une casserole, à feu moyen. Ajouter le cerfeuil et bien assaisonner. Couvrir et faire cuire 12 minutes à feu doux.

2 Saupoudrer de farine et bien mélanger. Faire cuire 1 minute à feu doux. Incorporer le bouillon à l'aide d'un fouet. Rectifier l'assaisonnement et faire cuire la soupe à découvert 30 minutes, à feu doux.

3 Passer la soupe au moulin à légumes. Incorporer la crème et servir.

Soupe froide aux pommes de terre et aux concombres

(4 à 6 portions)

3	pommes de terre, épluchées et tranchées	3
3	concombres, pelés et épépinés	3
30 ml	beurre	2 c. à s.
1	oignon, épluché et tranché	1
15 ml	basilic frais haché	1 c. à s.
15 ml	persil frais haché	1 c. à s.
2 ml	zeste de citron râpé	½ c. à t.
1 litre	bouillon de poulet, chaud	4 tasses
125 ml	crème à 35 %	½ tasse
	sel et poivre	

1 Mettre les pommes de terre dans un grand bol rempli d'eau froide; réserver.

2 Dans un des concombres, façonner 16 boules à l'aide d'une cuillère parisienne. Les faire blanchir 1 à 2 minutes dans de l'eau bouillante salée. Égoutter et réserver.

3 Trancher les autres concombres et réserver.

4 Faire chauffer le beurre dans une casserole, à feu moyen. Ajouter l'oignon et les fines herbes; faire cuire 3 minutes.

5 Égoutter les pommes de terre et les assécher. Mettre les pommes de terre et les concombres tranchés dans la casserole. Parsemer de zeste de citron, assaisonner et faire cuire 2 minutes.

6 Mouiller avec le bouillon de poulet, mélanger et faire cuire 20 minutes à feu doux.

7 Passer la soupe au moulin à légumes et la mettre dans un bol. Incorporer la crème et réfrigérer 2 heures. Ajouter les boules de concombre avant de servir.

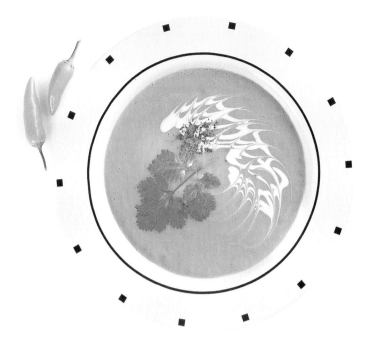

Soupe froide aux avocats et au citron
(4 portions)

2	avocats, pelés et tranchés	2
30 ml	oignons verts hachés	2 c. à s.
5 ml	persil frais haché	1 c. à t.
5 ml	poudre de curry	1 c. à t.
750 ml	bouillon de poulet, chaud	3 tasses
30 ml	yogourt nature	2 c. à s.
	quelques gouttes de tabasco	
	quelques gouttes de jus de citron	
	sel et poivre	
	crème sure (facultatif)	

1 Au robot culinaire, mélanger 1 minute tous les ingrédients, sauf le bouillon de poulet, le yogourt et la crème sure.

2 Verser le mélange dans un bol et bien incorporer le bouillon de poulet chaud, puis le yogourt. Rectifier l'assaisonnement.

3 Faire refroidir 3 heures. Garnir de crème sure, si désiré, et servir.

Index